书架【双色版】

诸子百家哲理寓言

冯慧娟◎主编

辽宁美术出版社

图书在版编目（CIP）数据

诸子百家哲理寓言 / 冯慧娟主编 . — 沈阳 : 辽宁
美术出版社 , 2017.12（2019.6 重印）

（全民阅读书架）

ISBN 978-7-5314-7849-2

Ⅰ . ①诸… Ⅱ . ①冯… Ⅲ . ①先秦哲学—通俗读物
Ⅳ . ① B220.5-49

中国版本图书馆 CIP 数据核字 (2017) 第 310586 号

出 版 社：辽宁美术出版社
地　　址：沈阳市和平区民族北街 29 号　邮编：110001
发 行 者：辽宁美术出版社
印 刷 者：北京一鑫印务有限责任公司
开　　本：787mm×1092mm　1/32
印　　张：5
字　　数：100 千字
出版时间：2017 年 12 月第 1 版
印刷时间：2019 年 6 月第 5 次印刷
责任编辑：孙郡阳
装帧设计：新华智品
责任校对：郝　刚
ISBN 978-7-5314-7849-2

定　　价：29.80 元

邮购部电话：024-83833008
E-mail：lnmscbs@163.com
http：//www.lnmscbs.cn
图书如有印装质量问题请与出版部联系调换
出版部电话：024-23835227

诸子百家哲理寓言

　　寓言一直被称为"智慧的花，哲理的诗"，它闪烁着人类智慧的火花，又充满诗意的美。它好像带刺的玫瑰——花朵给人美的享受，刺却使人警醒。在世界文学宝库中，寓言是一颗独特的璀璨的明珠。

　　寓言是一种用故事来寄寓道理的文学体裁。它篇幅短小，具有明显的讽喻意义，更有极大的思想启示力量。从古至今，寓言不断地教育着一代又一代的人们。

　　在我国，先秦是古代寓言的产生期和第一个繁荣期，是寓言文学兴盛的黄金时代。当时学术界空前繁荣，出现了"百家争鸣"的盛大场面。在学术争论中，出现了用寓言故事表达政治哲学思想的倾向，寓言成为一种战胜论敌的有效手段。为了通俗而广泛地宣传自己的学说，各学派在吸取民间譬喻的基础上创作了大量的寓言故事。就数量而言，先秦寓言的丰富，也是世界寓言史上罕见的。据初步统计，先秦诸子寓言竟多达近千则。先秦寓言对我国文学的影响也极为深远。它们极大丰富了古代汉语，有的在岁月的沉积中渐渐成了格言、谚语和成语，经常为人民群众所运用，具有鲜明的民族风格和强烈的时代气息，无论在思想上或艺术上都达到了空前的高度，形成了我国寓言文学史上的一大高峰。

你是不是有时候会觉得村上太忧郁，昆德拉过于痛苦，卡夫卡令人压抑、窒息呢？那么，抽点时间看看我们祖先们讲述的轻松而又同样发人深省的故事吧，就像听祖母讲故事一样亲切舒适、难以忘怀。

目录

以善良宽容之心待人 .... 〇〇一

好沤鸟者 .... 〇〇二

释鹿得人 .... 〇〇三

林回弃璧 .... 〇〇五

梦中受辱 .... 〇〇六

杨布打狗 .... 〇〇八

穆公失马 .... 〇一〇

反省自身与欣赏别人 .... 〇一三

邯郸学步 .... 〇一四

一叶障目 .... 〇一五

东施效颦 .... 〇一七

螳臂挡车 .... 〇一八

纣为象箸 .... 〇二〇

马夫之妻 .... 〇二一

讳疾忌医 .... 〇二三

外举不避仇，内举不避亲 .... 〇二四

五十步笑百步 .... 〇二五

月攘一鸡 .... 〇二七

不识车轭 .... 〇二八

诸子百家哲理寓言

目录

邹忌比美...................................〇三〇

识破伪装，远离虚假.....................〇三三

滥竽充数...................................〇三四

挂牛头卖马肉...............................〇三五

以羊替牛...................................〇三六

邻人献玉...................................〇三八

不材之木...................................〇三九

宣王之弓...................................〇四一

涸泽之蛇...................................〇四二

献鸠放生...................................〇四四

诗礼发冢...................................〇四五

黄公嫁女...................................〇四七

仇由迎钟...................................〇四八

小吏烹鱼...................................〇五〇

朝三暮四...................................〇五一

磨砺坚强的意志.........................〇五三

不受嗟来之食...............................〇五四

纪昌学射箭.................................〇五五

愚公移山...................................〇五六

诸子百家哲理寓言

佝偻承蜩 .... 〇五八

子罕不受玉 .... 〇五九

和氏璧 .... 〇六〇

列子家贫 .... 〇六一

岑鼎 .... 〇六三

不食盗食 .... 〇六五

孟贲不易勇 .... 〇六六

将学习进行到底 .... 〇六七

两小儿辩日 .... 〇六八

师文学琴 .... 〇六九

王寿焚书 .... 〇七一

楚人学齐语 .... 〇七二

造父学驾车 .... 〇七三

轮扁论读书 .... 〇七四

郢书燕说 .... 〇七六

杀龙妙计 .... 〇七七

列子学射 .... 〇七八

学弈 .... 〇七九

目录

诸子百家哲理寓言

〇〇三

目录

诸子百家哲理寓言

态度决定命运 .... 〇八一

歧路亡羊 .... 〇八二

买椟还珠 .... 〇八三

金钩挂饵 .... 〇八五

卫人教女 .... 〇八六

割肉自啖 .... 〇八七

齐人偷金 .... 〇八九

窃疾 .... 〇九〇

杞人忧天 .... 〇九一

随珠弹雀 .... 〇九三

曹商舐痔 .... 〇九三

吴王射猴 .... 〇九五

实心葫芦 .... 〇九六

贵在认真 .... 〇九八

蜗角之战 .... 〇九九

余桃啖君 .... 一〇一

给思维一个智慧的高度 .... 一〇三

神龟的智慧 .... 一〇四

宋之富贾 .... 一〇五

拔苗助长..一〇六

畏影恶迹..一〇八

烤肉治罪..一〇九

自相矛盾..一一〇

玉器和瓦罐..一一二

游水之道..一一三

郑武公伐胡..一一四

解放自己的创造力............................一一七

郑人买履..一一八

刻舟求剑..一一九

楚人涉雍..一二〇

防龟手的药..一二二

抱瓮老人..一二四

新裤与旧裤..一二六

引婴投江..一二七

探索成功的规律................................一二九

鲁侯养鸟..一三〇

庖丁解牛..一三一

施氏与孟氏..一三二

目录

诸子百家哲理寓言

稷之马将败......................一三四

九方皋相马......................一三六

浑沌开窍........................一三八

詹何钓鱼........................一三九

守株待兔........................一四一

心不在焉........................一四二

欹器的启示......................一四三

携技去越........................一四五

释车而走........................一四六

目录

诸子百家哲理寓言

〇〇六

以善良宽容之心待人

善良是一种真，宽容是一种美。

莎士比亚说："善良的心地就是黄金。"善良的人能够剔除虚伪与浮华，能真诚，能宽容，能信任，能爱，能快乐。只要人人都有善心、善意、善举，那么人间将会增添多一些的欢乐和温情。

雨果说："世界上最宽阔的是海洋，比海洋更宽阔的是天空，比天空更宽阔的是人的心灵。"宽容是人之博大、人之崇高，是一种品质、境界，是一种至高无上的美。宽容之心能包容百川，容纳万物。那么，就让我们用宽容之心待人、做事。

海上之人有好沤鸟者，每旦之海上，从沤鸟游，沤鸟之至者，百住而不止。其父曰："吾闻沤鸟皆从汝游，汝取来，吾玩之。"明日之海上，沤鸟舞而不下也。

——列子《列子·黄帝》

从前，在东海岸边住着一个年轻人。这个年轻人很喜欢海鸥，海鸥也很愿意亲近他。每当他摇船出海的时候，总有一大群海鸥尾随在他的四周，或在空中盘旋，或落在他的肩上，自由自在地与年轻人嬉戏玩耍，相处得十分和谐。

年轻人的父亲知道了这件事，就对他说："人家都说海鸥跟你很要好，对你毫无戒备，你明天就抓几只给我玩玩。"年轻人说："这还不简单！"

第二天，年轻人早早地摇船出海，焦急地等待着海鸥的到来。可是，那些鸥鸟似乎看出了他别有用心，只是在他头上盘旋，却不肯落到他的身边。年轻人伸手一抓时，海鸥们就"呼"的一声全飞走了。

【名家典籍】

列子，名寇，战国前期思想家，道家学派的代表人物之一，著有《列子》一书，其中收录有百余篇意味深长的寓言故事。

【慧言箴语】

与人相处要以善良和真诚为前提，如果心怀鬼胎，背信弃义，那么朋友必会离你而去。

· 释鹿得人 ·

孟孙猎得麑，使秦西巴持之归，其母随之而啼，秦西巴弗忍而与之。孟孙归，至而求鹿，答曰："余弗忍而与其母。"孟孙大怒，逐之，居三月，复召以为其子傅。其御曰：

"囊将罪之，今召以为子傅，何也？"孟孙曰："夫不忍鹿，又且忍吾子乎？"

一次，鲁国国君孟孙带随从进山打猎，臣子秦西巴跟随左右。打猎途中，孟孙活捉了一只可爱的小鹿，非常高兴，便下令让秦西巴先把小鹿送回宫中，以供日后玩赏。

秦西巴在送小鹿回宫的路上，突然发现有一只大鹿在后面跟着，还不停地哀号。大鹿一号叫，小鹿便应和，叫声十分凄惨。秦西巴明白了，这是一对母子。这对鹿母子的深情让他实在不忍把小鹿带走。于是，他就把小鹿放了。

孟孙打猎归来后，秦西巴把放走小鹿的事告诉了他。孟孙顿时火冒三丈，一气之下将秦西巴赶出了宫门。

过了一年，孟孙的儿子到了念书的年龄。孟孙想要为儿子找一位好老师。他突然想起了一年前被自己赶出宫去的秦西巴，便立即命人去寻找他，并把他请回宫，拜他为太子老师。

臣子们对孟孙的做法很不理解，他们问道："秦西巴当年自作主张，放走了大王钟爱的鹿。您现在为什么还要请他当太子的老师呢？"孟孙笑了笑说："秦西巴不但学问好，更有一颗仁慈的心。他对一只小鹿都能生出怜悯之心，更何况对人呢？有他当太子的老师，我就放心了。"

秦西巴的仁慈之心终于被孟孙所理解，并因此被再次起用。可见，一个人的善良之心是很重要的，能为自己赢来他人的信任。

·林回弃璧·

予独不闻贾人之亡与，林回弃千金之璧，负赤子而趋。或曰："为其布与？赤子之布寡矣；为其累与？赤子之累多矣。弃千金之璧，负赤子而趋，何也？"

林回曰："彼以利合，此以天属也。"夫以利合者，迫穷祸患害相弃也；以天属者，迫穷祸患害相收也。

——庄子《庄子·山木》

有一年，周朝的一个诸侯国灭亡了。亡国的人们纷纷逃亡。在逃亡的人中有个叫林回的，为了背负自己刚出生的婴儿逃难，舍弃了价值千金的玉璧。

孩子哇哇地哭个不停，旁人听见了，都很不理解林回的做法。有个人问林回："你是为了金钱吗？如果是为了金钱，一个婴孩显然没有那块玉璧值钱。可你为什么要背着个还没断奶的孩子跑呢？"另一个人说："背着一个吃奶的婴儿多拖累啊。你的眼光太不长远了。国难当头，逃命才是第一位的。你却舍弃宝玉，背着一个婴儿逃跑。万一逃不出去，你可能连自己的命也搭上了。"林回说道："那块宝玉是因为值钱，才和我有关联；而这孩子是我的亲生骨肉，和我的感情是永远连在一起的，无论如何也割不断啊！"

因为金钱而结合在一起的东西或人，遇到灾难或祸害，就会互相抛弃；因为骨肉情义结合在一起的东西或人，遇到患难也会相依为命。互相抛弃与互相依存，实在是相差很远啊！

【名家典籍】

庄子，名周，战国时期道家的代表人物，也是优秀的文学家、哲学家。其代表作《庄子》阐发了道家思想的精髓。

【慧言箴语】

一个仁慈善良的人，在面对财富与亲情的选择时，会毫不犹豫地选择后者。因为和金钱挂钩的利益关系难以经受患难的考验，只有人与人之间的亲情和友谊才是长久和永恒的。

·梦中受辱·

齐庄公之时，有士曰宾卑聚，梦有壮子，唾其面，惕然而寤，徒梦也。明日召其友而告之曰："吾少好勇，年六十而无所挫辱。今夜辱，吾将索其形，期得之则可，不得将死之。"每朝与其友俱立乎衢，三日不得，却而自殁。

——吕不韦《吕氏春秋·离俗》

春秋时期，齐国有个武士叫宾卑聚，他为人很勇敢，总把自己打扮成侠客的样子，腰间佩带一把宝剑，在街上耀武扬威。人们从来不去招惹他，见到他都远远地躲开。为此，他更加以为自己很有威严，很受敬重。

　　一天夜里，他梦见了一个身材魁梧的壮士，头戴白色绢帽，身穿绸衣，脚穿白色缎鞋，还佩带着一把宝剑。这个壮士走到宾卑聚面前，大声地呵斥他，还朝他脸上吐了一口唾沫。

　　宾卑聚从没受过这种侮辱，一急就从梦中惊醒了，醒来才发现是个梦。尽管这样，他还是非常气愤，感觉自尊心受到了强烈的挫伤。

　　于是，第二天一大早，宾卑聚就把朋友们都请来，向他们讲述了自己的梦。然后他对朋友们说："我自幼崇尚勇敢，六十多岁了还从没受过任何欺凌侮辱。如今，我在梦中受到如此屈辱，实在咽不下这口气。我一定要找到那个在梦中骂我，并向我吐唾沫的人。如果三天之内找到他，我就要报这个仇；如果三天之内还找不到他，我就没脸面活在世上了。"

　　于是，宾卑聚和他的朋友们来到了行人过往频繁的道路上，寻找那个在梦中骂他的人。可是，三天过去了，他们并没有找到宾卑聚梦见的那个人。宾卑聚气馁地回到家中，长长地叹了一口气，然后拔剑自刎了。

宾卑聚气量狭小，竟然愚蠢到对一个梦耿耿于怀，最后含恨自杀的地步。故事告诫我们，为人要宽宏大量；否则，伤害的是自己。

·杨布打狗·

杨朱之弟曰布，衣素衣而出。天雨，解素衣，衣缁衣而反。其狗不知，迎而吠之。杨布怒，将扑之。杨朱曰："子无扑矣，子亦犹是也。向者使汝狗白而注，黑而来，岂能无怪哉？"

——列子《列子·说符》

杨朱是战国时期著名的思想家。他有个弟弟叫杨布。

有一天，杨布穿了件白色的衣服出门去了。不久，天上下起大雨，他就把白色的衣服脱了下来，穿着里面的黑布衣回家。

刚走到家门口，他家的狗就迎上去，对着他汪汪大叫。杨布非常恼火，拿了根棍子就要去打狗。

杨朱听见声音从屋里跑出来，说："你快不要打狗了，它是因为认不出你才大叫的。你自己有时也会这样。你想想，如果你的狗出去的时候是一身白毛，回来的时候变成了一身黑毛，你能不感到奇怪吗？"

　　杨布冷静地思考了一会儿，觉得哥哥讲得有道理，就扔掉了手中的棍子。

【慧言箴语】

　　看问题时要注意认清实际情况，如果被假象迷惑，忽视情况的变化，就很容易做出错误的判断。另外，故事还告诉我们，对于不如意的事，不要轻易埋怨和责备别人，要善于从自身查找原因或进行换位思考，这样就不难宽容和理解别人了。

　　秦穆公乘马而车为败，右服失而野人取之。穆公自往求
之，见野人方将食之于岐山之阳。穆公叹曰："食骏马之肉，
而不还饮酒，余恐其伤女也。"于是遍饮而去。

——吕不韦《吕氏春秋·仲秋纪·爱士》

　　春秋时期，有一次秦穆公到外地去巡游。走在半路上
车子坏了，驾车的马也趁机跑掉了。

穆公为了找那匹马，一直追到岐山南面。这时，他看见一群人正在宰杀他的马，还七嘴八舌地议论着马肉的吃法。穆公看见了并没有生气，而是走过去关切地对那些人说："只吃马肉而不喝酒，是会伤害身体的。我担心你们吃了马肉会伤害自己啊！"于是，穆公一个一个地劝酒，然后才离开。

一年以后，秦国和晋国在韩这个地方交战。晋军把秦穆公的战车团团包围住了。晋国的士兵紧紧地拉住了穆公战车上的马，眼看就要把穆公擒住了，情况十分紧急。就在这时，曾经吃过穆公马肉的三百多人，不顾性命地一拥而上，保护穆公，并同晋军浴血奋战，最终打败了晋军，并生擒了晋惠公。

【名家典籍】

吕不韦曾任相国，秦始皇称其为仲父。吕不韦为相期间，门下食客三千。他命门客"人人著所闻"。《吕氏春秋》由此汇编而成。

【慧言箴语】

一个人如果宽容大度，能够原谅别人的过失，以德报怨，那么终究会得到别人的帮助和爱戴。

知识链接

　　秦穆公（？～前 621 年），春秋时期秦国的国君，是秦国历史上一位很有作为的君主。他姓嬴，名任好，春秋五霸之一，公元前 659 年至公元前 621 年在位，共执政 39 年，谥号穆。秦穆公在位的时候十分重视人才，先后任用了百里奚、蹇叔、丕豹、公孙支、由余等贤臣，在他们的辅佐下内修国政，外谋霸业，使秦国开始崛起，为后来秦始皇统一六国奠定了坚实的基础。周襄王时，秦穆公出兵攻打蜀国和其他位于函谷关以西的国家，"益国十二，开地千里，遂霸西戎"，为秦国的发展和中国古代西部的民族融合做出了贡献。

二

反省自身与欣赏别人

反省是一种能力，是修正自身缺点与错误的一种方法。我们要在反省自身的同时，发现别人的优点，真诚欣赏，虚心求教。

欣赏是一种修养，一种智慧，一种给予，一种沟通与理解，一种信任与祝福。正如培根所说："欣赏者心中有朝霞、露珠和常年盛开的花朵。"敢于审视自己的缺点和不足，能使我们成长；勇于接受别人的批评和建议，能使我们进步；欣赏并学习别人的优点，能使我们日臻完美。

·邯郸学步·

且子独不闻夫寿陵余子之学行于邯郸与？未得国能，又失其故行矣，直匍匐而归耳。

——庄子《庄子·秋水》

战国时，燕国的寿陵之地有个年轻人。他总是见什么学什么，学一样丢一样，虽然花样翻新，却始终未能做好一件事。有一天，他竟然嫌自己走路的姿势难看，想学习一下别人的走路姿势。他听说邯郸人走路的姿势十分优美，就千里迢迢地跑去学习。

到了邯郸以后，他认为那里人的走路姿势优雅至极，一举一动都显示着高贵。他连忙跟着路上的人学起走路来。人家迈右脚，他也迈右脚；人家迈左脚，他也迈左脚。看到小孩走路，他觉得活泼，跟着学；看见老人走路，他觉得稳重，跟着学；甚至看到妇女走路，摇摆多姿，他也学。可是他因为被以前的老走法左右，所以学了很久也学不会新走法。于是他决定彻底抛弃

老走法，一心学习新走法。他每迈一步都仔细推敲下一步的姿势。可是好几个月过去了，他还是没能学会邯郸人的走路姿势，反而把自己原来的走路姿势忘得一干二净。最后，他不得不爬着回燕国了。

【名家典籍】

《庄子》一书，汉代著录为52篇，现存33篇。《庄子》和《周易》《老子》一起并称为"三玄"。

【慧言箴语】

勇于向别人学习是好的，但不应盲目模仿、生搬硬套，否则不但学不到别人的优点，反而会把自己的优点和本领也丢掉。

·一叶障目·

一叶蔽目，不见太山；两豆塞耳，不闻雷霆。

——《鹖冠子·天则》

楚国有个书生，家境贫困，又很懒散。有一天，他读《淮南子》这部书时，看到书上有这样的记载：螳螂用树叶遮住自己的身体时，其他的小昆虫就看不见它。要是人能得到那片树叶，就能隐藏自己的身体了。看完后，他很受启发，梦想着能够找到那片叶子。他以为找到那片叶子，用树叶遮住身体，就谁也看不见自己了，这不正好可以去集市上白拿自己想要的东西了吗？于是，他就去树林中找这种叶子，可是找了半天也没找到。

忽然，他看见一片树叶下面藏着一只螳螂。他高兴极了，赶紧爬上树，准备采那片叶子。刚巧，一阵风吹过来，树叶纷纷飘落，他要采的那片叶子也落到了地上。地上的叶子太多，他分辨不出哪片树叶是螳螂藏身的，就干脆脱下衣服，把地上的树叶都包了回去。

回家之后，他一片一片地拿起树叶遮住自己，问妻子："你能看见我吗？"起初，妻子总是说："看得见。"后来，妻子不耐烦了，就说："看不见了。"他听后高兴地嘿嘿傻笑起来。

他拿着那片叶子上了集市。集市上什么东西都有。书生用树叶遮着自己的眼睛，以为别人看不见他了，就伸手去拿人家的东西，结果被人当场抓获，并送到了县衙门。

县官问他："光天化日之下，你竟敢当众偷东西，该当何罪？"书生忙说："我本来找到了一片能隐身的树叶，用它遮住自己，谁都看不到我了，才去拿人家的东西的。可这片树叶为什么突然就失效了呢？"县官听了忍俊不禁，对他教育了一番，没有治他的罪就把他放了。

【慧言箴语】

楚人隐形的故事以死读书，读死书的书生为例，批评了那些被表面现象蒙蔽看不清事情本质的人，可谓"一叶障目，不见泰山"。

· 东施效颦 ·

故西施病心而矉其里，其里之丑人见而美之，归亦捧心而矉其里。其里之富人见之，坚闭门而不出；贫人见之，挈妻子而去之走。

西施是春秋时期越国有名的美女，其举手投足、音容笑貌十分惹人喜爱。无论她走到哪里，都能引起人们的注意，令人们惊叹于她的美貌。

西施患有心口疼的毛病。犯病时，她总是用手捂住胸口，双眉紧皱，流露出一种妩媚柔弱的风姿。

西施的邻居是一个丑女子，名叫东施，相貌丑陋，却

嫉妒西施的美丽。东施平时动作粗俗，说话大声大气，却一天到晚做着当美女的梦。她总是挖空心思地改换服饰和发型，可仍然得不到任何人的赞美。

一天，她看到西施捂着胸口、皱着双眉的样子竟博得这么多人的青睐，便也学着西施的样子，手捂胸口，紧皱眉头，在村里走来走去，自以为和西施一样美丽了。哪知这丑女的矫揉造作，使她的样子更难看了。结果，人们看见她的怪模样都像见了瘟神一般，有的人把门紧紧关上，有的人则赶忙远远地躲开。东施只知道西施皱眉的样子很美，却不知道她为什么美，盲目模仿她的样子，反被人讥笑。

【慧言箴语】

每个人都要学会正确地欣赏别人，客观地审视自己，根据自身特点扬长避短。不了解别人的长处是什么，也不加以变通，就盲目而机械地效仿，是十分愚蠢可笑的。

·螳臂挡车·

汝不知夫螳蜋乎，怒其臂以当车辙，不知其不胜任也。

——庄子《庄子·人间世》

春秋时期，齐国国君齐庄公乘坐马车去打猎。马车正在前行，齐庄公突然发现道路上有只绿色的小虫子，气势汹汹地向车轮扑来。只见它不知疲倦地舞动着两只前足，好像挥动着两把大刀，向着比它身体不知大多少倍的车轮扑来，摆出一副阻挡车轮前进的姿势。

　　齐庄公马上命令车夫把车停住，好奇地问道："这是什么虫子？竟有胆量和车轮较量！"车夫朝地上看了看，说："这是螳螂，这种虫子只知道向前冲，不知道往后退。它根本不了解自己到底有多大的力量。你看，车子马上就辗着它了，可它还是站着不动。它如此轻视对手，真是自不量力。"齐庄公盯着螳螂看了一会儿，笑着说："虽然它轻视敌人，但它的勇敢是多么可贵啊！谁要是能像这虫子这么勇敢，那他一定是天下最威猛的勇士。我真希望我的战士们能学习螳螂的大无畏精神。我们不要伤害它，绕道走吧。"

【慧言箴语】

　　小小螳螂竟敢与车轮较量，勇气可嘉；但是它在勇敢的同时没有正确估量自己的实际能力，如此不自量力、以卵击石，必然招致失败。

·纣为象箸·

纣为象箸而箕子怖。以为象箸必不加于土铏，必将犀玉之杯。象箸玉杯不羹菽藿，则必旄象豹胎。旄象豹胎必不衣短褐而食于茅屋之下，则锦衣九重，广室高台。吾畏其卒，故怖其始。居五年，纣为肉圃，设炮烙，登糟邱，临酒池，纣遂以亡。

——韩非《韩非子·喻老》

纣王是商朝的国君。有一次，纣王吩咐工匠给自己做了一双象牙筷子。箕子对纣王的这一举动深感不安。

有人问箕子："不过是一双象牙筷子而已，有什么好忧虑的呢？"箕子说："贵重的象牙筷子，必定不能放到泥土烧成的碗、杯里去，必然要使用名贵的犀牛角或玉石做成的碗、杯；而用上了犀牛角或玉石做成的碗、杯，就必定不会吃豆子饭、喝豆叶汤，必然要吃牦牛、大象和豹的幼崽；而吃上了牦牛、大象和豹的幼崽，就一定不会穿粗布衣服站在茅草屋底下，必定要穿华美的衣裳，筑造壮观的宫室才能与之匹配啊！我是为此而忧

虑啊！"

过了五年，纣王过上了极度奢侈的生活。他用美酒注满池子，用烤肉铺园子，号称"酒池肉林"。他还对敢于进谏的忠臣实行严酷的刑罚。最终，商朝灭亡了。箕子仅通过一双象牙筷子，就可以预见天下的灾祸，这是他能从小事预见到大事的本领啊！

【慧言箴语】...

纣王因在小事上放纵自己，而逐渐不可收拾，直至亡国，这说明事情的开端、发展和结局之间是相互联系的。因此，人要学会防微杜渐，时刻保持警惕，不断反省自己。

・马夫之妻・

晏子为齐相，出。其御之妻，从门间而窥其夫为相御，拥大盖，策驷马，意气扬扬，甚自得也。既而归，其妻请去。妻曰："晏子长不满六尺，身相齐国，名显诸侯。今者妾观其出，志念深矣，常有以自下者；今子长八尺，乃为人仆御，然子之意，自以为足，妾是以求去也。"其后，夫自抑损。晏子怪而问之，御实以对。晏子荐以为大夫。

——司马迁《史记·管晏列传》

晏子是齐国的宰相。一天，马夫载着他外出办事，经过闹市的时候，正好被马夫的妻子看见了。马夫的妻子看见丈夫坐在马车上，洋洋得意，神气活现，把马鞭挥得很响，好不张扬。妻子很生气。

马夫回到家里，见妻子正收拾东西，要离开他。马夫急了，连忙问妻子原因。妻子说："晏子虽然身高不到六尺，但毕竟是堂堂宰相，名闻诸侯。可是今天我看他坐在马车上，低头沉思，神情谦虚，毫不故作尊贵；而你虽身高八尺，但只不过是个马夫，却不知道谦虚，赶车时的样子竟那么趾高气扬，就好像你是宰相一样。我不愿和这么骄傲自大的人过日子！"马夫听完后，知道了自己的毛病，羞愧不已。

从此以后，马夫十分检点自己的行为举止。慢慢地，他终于改掉了那个坏毛病。对马夫的变化，晏子感到有些奇怪，于是便问他是什么原因使他的态度转变得这么快。马夫以实相告。晏子称赞这个马夫能够从善如流，后来推荐他当了大夫。

【名家典籍】

晏子，名婴，字平仲，历任齐灵公、庄公、景公三朝大夫，是春秋后期一位重要的政治家、思想家。

【慧言箴语】

人贵有自知之明，无论什么时候都不能依仗别人的势力耀武扬威、骄傲自大，应该谦逊平和，摆正自己的位置。

扁鹊曰："君有疾在腠理，不治将恐深。"桓侯曰："寡人无疾。"扁鹊出，桓侯曰："医之好治不病以为功。"……桓侯体痛，使人索扁鹊，已逃秦矣。桓侯遂死。

——韩非《韩非子·喻老》

战国时期有一位医生，医术很高明，人们尊称他为"扁鹊"。有一天，扁鹊拜见蔡桓公，站在旁边仔细地端详了蔡桓公的气色以后，说："大王，您的皮肤上有点小毛病，不治恐怕会深入体内。"蔡桓公不高兴地说："我没有病。"等扁鹊走了，蔡桓公说："医生就喜欢给没有病的人治病，以显示自己的医术高明。"

过了十天，扁鹊又来拜见蔡桓公，对他说："您的病已深入到肌肤里了，不治会更严重。"蔡桓公还是没有理睬他。扁鹊走了，蔡桓公很生气。

又过了十天，扁鹊再次来拜见蔡桓公，对他说："您的病已经到达肠胃了，再不治会恶化。"蔡桓公没有言语。扁鹊无奈地走了。

又一个十天过去了，扁鹊在路上看见蔡桓公，转身就走掉了。蔡桓公疑惑不解，派人前去询问原因。扁鹊说："病在皮肤表面的时候，用药洗或热敷就能治疗；当病深入到肌肤里的时候，用针灸可以治疗；病在肠胃的时候，服些草药汤剂可以治疗；可是当病到达骨髓的时候，就不

诸子百家哲理寓言

能救治了。蔡桓公的病已经深入骨髓了，所以我不再请求为他治病了。"

五天以后，桓公身体疼痛，派人去找扁鹊。可扁鹊已经逃往秦国去了。蔡桓公最终不治身亡了。

一个人有了错误和缺点时，要正确对待、及时改正，如果固执己见，错误只会越来越多，以至发展到无法挽救的地步。

·外举不避仇，内举不避亲·

晋平公问於祁黄羊曰："南阳无令，其谁可而为之？"祁黄羊曰："解狐可。"平公曰："解狐非子之仇邪？"对曰："君问可，非问臣之仇也。"孔子闻之曰："善哉！祁黄羊之论也，外举不避仇，内举不避子。祁黄羊可谓公矣。"

——吕不韦《吕氏春秋·去私》

晋平公问祁黄羊："南阳缺一个县令，你看谁能当？"祁黄羊说："解狐可以。"晋平公很吃惊，问："解狐不是你的仇人吗？你为何推荐他？"祁黄羊笑着说："您问的是谁能当县官，不是问谁是我的仇人啊。"晋平公于是派解狐当了县官。解狐果然把南阳治理得很好。

几天后，晋平公又问祁黄羊："朝廷里缺一个军尉，你看谁能担任？"
祁黄羊说："祁午
可以。"晋平公又
觉得奇怪，说：
"祁午不是你的儿
子吗？"祁黄羊
说："祁午是我的
儿子，可您问的是
谁能去当军尉，而不是问谁是我的儿子。"晋平公于是又
派祁午当了军尉。祁午果然能够公正执法。

孔子听说后，称赞道："祁黄羊推荐人才，对外不计
较仇怨，对内不排斥亲生儿子，真是大公无私啊！"

【慧言箴语】

祁黄羊在推举人才时，只注重才能，而不看其与自己的
关系。他的这种不计私仇、处事公正的坦荡胸襟，值得赞扬。

五十步笑百步

孟子对曰："王好战，请以战喻。填然鼓之，兵刃既接，
弃甲曳兵而走。或百步而后止，或五十步而后止。以五十步笑
百步，则何如？"曰："不可；直不百步耳，是亦走也。"

——孟子《孟子·梁惠王上》

梁惠王在位时，野心勃勃，一心扩张领土，经常与邻国发生战争。每次战争发起，他就强行把百姓驱赶上战场应战。

一次，梁惠王召见孟子，问他："我在位期间，对于国家的治理，可以说是尽心尽力了吧？河内发生灾荒，收成不好，我就把一部分百姓迁移到河东去，并从河东运些粮食到河内。河东遇上灾难时，我也会从别处征调粮食到河东，解决百姓的饥饿问题。我看其他邻国的国君，没有一个像我这样爱护百姓的。可是，为什么邻国的百姓没有减少，而我的百姓也没有增多呢？"

孟子回答说："大王喜欢打仗，我就用打仗来打个比方吧。战场上，两军对垒，作战双方经过激烈地拼杀后，很快就会分出胜负。这时，败方就会有人丢盔弃甲地逃跑。在逃跑的士兵中有的跑了一百步停下来，有的跑了五十步就停下来。这时，跑了五十步的士兵嘲笑跑了一百步的士兵，说他们是胆小鬼。您认为这种嘲笑对吗？"

梁惠王说："当然不对了。他们虽然有的跑五十步，有的跑一百步，但都是临阵脱逃啊！"

孟子说："大王如果明白了这其中的道理，那么，就不应该希望您的老百姓比邻国多。"

邻国国君不管百姓的生活，是不爱百姓的表现；而梁惠王常驱使百姓去打仗，致使民不聊生，一样是不爱惜百姓。在欺压黎民这点上，他们的实质是相同的啊！

【慧言箴语】

人们往往对别人的错误指手画脚，却对自己的错误视而不见。错误的情节虽然有轻有重，但其本质是相同的。因此，看待事情时，一定不要被表面现象迷惑。

·月攘一鸡·

　　有人日攘邻之鸡者，或告之曰："是非君子之道。"曰："请损之，月攘一鸡，以待来年，而后已。"如知其非义，斯速已矣，何待来年？

——孟子《孟子·滕文公下》

古时候有一个人，有偷窃的毛病，每天都要去别人家偷一只鸡回来。

　　有一天，他又去偷鸡了。他偷完鸡正抱着它往回走，碰见了村子里的一个智人。智人知道他经常偷窃，就规劝他说："偷窃不是正派人的做法，你为什么不改掉这个坏毛病，做个堂堂正正的人呢？你这么强壮有力，完全可以凭借自己的劳动赚钱生活啊！"

　　这个人想了想，回答说："你说得很对，偷窃是很不好的行为，别人也总拿这件事耻笑我，可我一时也改不过来。这样吧，从明天开始我不再每天都偷鸡了，改成一个月偷一只。这样慢慢改，等到明年，我就再也不偷了。"如果知道偷鸡不对，就应该马上改正，为什么还要等到明年呢？

【慧言箴语】┈┈┈┈┈┈┈┈┈┈┈┈┈┈┈┈┈┈

　　一个人做了错事，就要及时改正，知错能改善莫大焉，怎么能纵容自己继续犯错呢？

·不识车轭·

　　郑县人有得车轭者，而不知其名，问人曰："此何种也？"对曰："此车轭也。"俄，又复得一，问人曰："此何种也？"对曰："此车轭也。"问者大怒，曰："曩者曰车轭，今又曰车轭，是何众也？此女欺我也。"遂与之斗。

——韩非《韩非子·外储说左上》

车轭是驾车时套在牲口脖颈上的一种木制驾具，略微弯曲，有点像个"人"字。

春秋战国时期，一个郑国人在路上捡到了一个车轭。因为他从未套过牲口驾车，所以不认识这是什么。回家后，他拿着车轭去找邻居，问："这是什么东西？"邻居告诉他说："这是车轭。"

虽然这个郑国人知道了这根弯木棒叫作"车轭"，但印象不深，也没把这件事放在心上。第二天，他又在路上捡到了一个车轭，又拿去问邻居。邻居说："这是车轭。"不料这个郑国人听了以后竟大怒，说道："先前那个东西，你说是车轭；现在这个，你又说是车轭。路上哪来这么多的车轭呢？我看你分明是在骗我。你真不是个好东西。"他骂着，竟然抓起邻居的衣领同他打起架来。

一个人遇到了不懂的事情，就要虚心请教别人。可是这个郑国人，请教别人时却不虚心，还怀疑别人告诉他的是错误的。

有些人在遇到疑难问题时，既想请教别人，又不虚心，还心存怀疑，明明是自己愚昧无知，反而还认为别人在欺骗自己。如此自以为是而又蛮横无理，真是可笑。

·邹忌比美·

邹忌修八尺有余，而形貌昳丽。朝服衣冠，窥镜，谓其妻曰："我孰与城北徐公美？"其妻曰："君美甚，徐公何能及君也！"城北徐公，齐国之美丽者也。忌不自信，而复问其妾曰："吾孰与徐公美？"妾曰："徐公何能及君也！"旦日，客从外来，与坐谈，问之："吾与徐公孰美？"客曰："徐公不若君之美也。"

明日，徐公来。孰视之，自以为不如；窥镜而自视，又弗如远甚。暮，寝而思之，曰："吾妻之美我者，私我也；妾之美我者，畏我也；客之美我者，欲有求于我也。"

——刘向《战国策·邹忌讽齐王纳谏》

春秋时期，齐国有个叫邹忌的大臣，他身高八尺多，外形俊朗，仪表堂堂。有一天早晨，他穿好朝服、戴上朝冠，一边对着镜子打量自己，一边对妻子说："我和城北的徐公，谁更俊美一些？"他的妻子说："你特别英俊，徐公怎么比得上你。"城北的徐公，是齐国著名的美男子。邹忌不相信自己比他俊美，就又去问小妾："我和城北的徐公，谁更俊美一些？"小妾回答："徐公哪里比得上您啊！"第二天，有客人来拜访，邹忌在交谈中问他："我和城北的徐公，谁更俊美一些？"客人回答："徐公可比不上您俊美。"

过了一天，徐公来拜访了。邹忌认真地端详他，自认为没有他英俊；又照镜子观察自己，更觉得比他差远了。夜里，邹忌躺在床上仔细思考这件事，自语道："我的妻子说我更俊美，那是偏爱我；小妾说我俊美，肯定是因为怕我；客人说我俊美，则是想求我帮忙办事。"于是他从

妻妾和宾客对自己的谬赞中，认识到了受蒙蔽之害，随即对齐威王进行劝谏，终使齐国威震诸侯。

《战国策》是先秦历史散文成就最高、影响最大的著作之一，记载了战国时游说之士的策谋和言论。不过，它并不是一时一人所作。西汉末年，著名学者刘向发现了六种记录战国纵横家言论的写本，但是内容混乱，文字残缺，于是按照国别重新编订成《战国策》，他只是校订者和编订者。

【慧言箴语】

为人要有自知之明，不可轻信他人的赞美之言，听到恭维之语时，不能忘乎所以、飘飘然，而应保持清醒的头脑，并反省、深刻审视自己，这样才能有所进益。

诸子百家哲理寓言

○三二

识破伪装，远离虚假

那些虚伪的人，或者假装慈善，给人以同情，其实是别有用心；或者居心叵测，举着人道的旗帜，却在背地里继续着他们的丑恶行为。与这样的人接触，必须提高警惕，认真分析他们的言辞和行为，以防被诱惑和利用，不慎迈进他们精心设下的圈套。

事实上，虚伪的人并不快乐，因为他们在欺骗别人的同时也欺骗了自己。虚伪就像一个个厚重的外壳，不仅重重地覆压在了一个人的身心上，也制造了让人不能相信和接近的隔膜。所以，人们不仅要善于识破虚假，也要懂得保持真实的自己。

齐宣王使人吹竽，必三百人。南郭处士请为王吹竽。宣王说之，廪食以数百人。宣王死，湣王立，好一一听之，处士逃。

——韩非《韩非子·内储说上》

齐国的国君齐宣王很爱好音乐，尤其喜欢听吹竽。为此，他手下养有300个善于吹竽的乐师。齐宣王喜欢热闹，爱摆排场，每次都叫这300个人一起合奏给他听。

有个南郭先生听说了齐宣王的这个癖好，觉得有机可乘，想利用这个机会挣钱，就跑到齐宣王那里去，吹嘘自己说："大王啊，我是远近有名的乐师，听过我吹竽的人没有不被感动的，就是鸟兽听了也会翩翩起舞，花草听了也会合着节拍摇摆。我愿把我的绝技献给大王！"齐宣王听了很高兴，不加考核就收下了他，把他也编进了那支300人的吹竽队中。

从此以后，南郭先生就随那300人一起合奏给齐宣王听。他拿着优厚的俸禄和丰厚的赏赐，得意极了。

其实，南郭先生根本就不会吹竽。每逢演奏的时候，他就捧着竽混在队伍中，装腔作势，模仿人家的姿势，脸上装出一副陶醉其中的样子。

好景不长，几年后，爱听合奏的齐宣王死了。他的儿子齐湣王继位。齐湣王也爱听吹竽，可他和齐宣王不同，认为300人一块儿吹实在太吵，不如独奏动听。于是他下令，要这300人好好练习，一个个地轮流吹给他听。乐师们接到命令后都积极练习，想一展身手，只有南郭先生急得像热锅上的蚂蚁，惶惶不可终日。他想来想去，觉得这次再也蒙混不过去了，只好收拾行李连夜逃走了。

【慧言箴语】

　　像南郭先生这样没有真才实学、不懂装懂、靠蒙骗过日子的人，骗得了一时，骗不了一世。事情迟早会败露的。

·挂牛头卖马肉·

　　灵公好妇人而丈夫饰者，国人尽服之。公使吏禁之。裂衣断带，相望而不止。犹是牛首于门，而卖马肉于内也。

——晏婴《晏子春秋·内篇·杂下》

　　齐灵公很喜欢妇女装扮成男人的样子。于是全国的妇女都照着去做。灵公派人去禁止，并说："凡是妇女穿男人衣服的，就把她的衣服撕破，把她的带子扯断。"可是即便这样，也还是不能禁止妇女这样做。

　　晏子来见灵公。灵公问他："我派人去禁止女扮男装，可她们并没有停止这么做，这是为什么？"

　　晏子说："你让宫内妇女做男人打扮，而在外面又加以禁止，这就好像在门口挂着牛头而偏要卖马肉一样。

如果你叫妇女们在内宫里也不要穿男人的服饰，那么在外边也就没人敢那么做了。"

灵公说："好极了！"于是他下令在宫廷里也禁止女扮男装。不久，全国上下果然再也没有人敢如此打扮了。

【名家典籍】·····················

　　《晏子春秋》是中国第一部短篇小说集，是记叙春秋时代著名政治家、思想家晏婴言行的一部书。

【慧言箴语】·····················

　　这个故事常被用来比喻以好名义当作招牌，实际上兜售低劣货色；也比喻为人虚伪，表里不一，做事情内外有别。

以羊替牛

　　王坐于堂上，有牵牛而过堂下者。王见之，曰："牛何之？"对曰："将以衅钟。"王曰："舍之！吾不忍其觳觫，若无罪而就死地。"对曰："然则废衅钟与？"曰："何可废也？以羊易之。"

——孟子《孟子·梁惠王上》

　　古时候，人们为了表示对神灵的虔诚之心，每到特定的日子，就在祠庙里举行一种"祭钟"仪式。每逢这时，人们就要宰杀一头牛或者一只羊，供在桌子上。

这一天又是祭祀的日子，齐宣王站在大殿门口，看见有个人牵着一头牛经过。那牛浑身发抖。齐宣王叫住牵牛人，问："你要把牛牵到哪里去？"那人回答说："我要牵去宰了祭钟。"

齐宣王见那牛害怕的样子，心生怜悯，说："这头牛本来没有罪过，却要白白地送死。看着它那吓得颤抖的样子，我真不忍心，还是把它放了吧。"

牵牛人说："大王您真慈悲，那就请您把祭钟这一仪式也废除了吧？"

"这怎么可以废除呢？"齐宣王严肃起来，接着说："这样吧，就用一只羊代替这头牛吧！"

【慧言箴语】

杀牛和杀羊都是屠杀生命，对牛怜悯而对羊残忍并不能算是仁慈。齐宣王以羊代牛只是虚伪的行为，可见他的假仁假义。

·邻人献玉·

魏田父有耕于野者，得宝玉径尺，弗知其玉也，以告邻人。邻人阴欲图之，谓之曰："此怪石也，畜之，弗利其家，弗如复之。"于是遽而弃于远野。邻人无何盗之，以献魏王。魏王立赐献玉者千金，长食上大夫禄。

——尹文《尹文子·大道上》

魏国的一个农夫在犁田，突然犁头碰到了一个硬物，只听一声震响。他刨开土层一看，原来是犁铧撞上了一块光泽碧透的异石。农夫没见过世面，不知是玉，就请邻人过来看看这是什么东西。

邻人一看那是块世上罕见的玉石，就起了歹心，欺骗农夫说："这是个不祥之物，留着会引发祸患。你还是赶紧把它扔了吧。"

农夫见这石头如此晶莹、剔透，实在不像不祥之物，觉得扔掉了可惜，犹豫了一会儿，就决定先拿回家去，看看到底是怎么一回事。

这天夜里，宝玉忽然光芒四射，把整个屋子照得通亮。农夫全家被这种神奇的景象震惊了。于是，农夫又跑去找邻人。邻人故作惊慌地说："这就是石头里的妖魔在作怪。你再不把这石头扔掉，全家都会死掉！"听了这话，农夫吓得战战兢兢的，急忙跑回家把玉石扔到了野地里。

可没过多久，邻人就跑到野外把玉石捡回了自己家。第二天，邻人拿着这块玉石去献给魏王。魏王招来玉工鉴定玉石的真伪。那玉工一见这块玉石，急忙对魏王说："这是一块稀世珍宝。世上所有的玉石，都不能与它媲美。"魏王听了这话以后大喜，当即赏给献玉者一千斤黄金，同时还赐予他终生享用大夫俸禄的待遇。

【慧言箴语】

　　狡诈的邻人因骗取的玉石而受赏食禄；而穷苦的农夫却蒙在鼓里，毫不知情，做人做事不能如此。

· 不材之木 ·

　　匠石之齐，至于曲辕，见栎社树。其大蔽数千牛，絜之百围，其高临山，十仞而后有枝，其可以为舟者旁十数。观者如市，匠伯不顾，遂行不辍。弟子厌观之，曰："自吾执斧斤以随夫子，未尝见材如此其美也。先生不肯视，行不辍，何邪？"

——庄子《庄子·人间世》

　　从前有位工匠名叫石。一天，他带着徒弟前往齐国，来到一个叫曲辕的地方时，看见土神庙旁长着一株大树。这株树的树荫可以遮阴几千头牛，树身比山高出八十尺，之上才有枝叶，其中可用来造船的枝丫就有十几枝。有很

多人来此围观这棵巨树。

　　奇怪的是，匠石竟没有停下步伐观看，而是继续往前赶路。徒弟们问匠石："我们从来没有见过这样好的木材，您为什么一点儿也不看重它？"匠石回答说："这棵树木材疏松，用它造船，会沉；用它做棺材，会很快腐烂；用它做柱子，会被虫蛀；把它打成器具，会毁坏。它正是因为没有用，才长得这么高大，有这么长的寿命啊！"

名家典籍：

　　《庄子·人间世》是《庄子》现存33篇中的其中一篇。

此篇中既表述了庄子所主张的处人与自处的人生态度，也揭示出庄子处世的哲学观点。

貌似强大的事物往往华而不实。看问题、观察事物不能被表面蒙骗，要透过现象看清本质，以免做出错误判断。

·宣王之弓·

宣王好射，说人之谓己能用强也，其实所用不过三石。以示左右，左右皆引试之，中关而止，皆曰："不下九石，非大王孰能用是？"宣王悦之，然则宣王用不过三石，而终身自以为九石。三石，实也；九石，名也。

——尹文《尹文子·大道上》

齐宣王爱好射箭，也喜欢听别人的恭维话。只要一听到别人夸他力气大，不论多强硬的弓都能拉开，他就会高兴得忘乎所以。齐宣王身边的臣子们为了讨好他，总是说些"大王神射"一类的话恭维他。其实，齐宣王所用的弓，用三百斤的力气就能很容易地拉开。

一天，齐宣王又把自己的弓拿给臣子们看，还让臣子们试着拉开。这些臣子在拉弓时，都故意装出使出全身力气的样子：闭着嘴，鼓起腮帮，将眼睛瞪得大大的。其实，这些人根本就没想把弓拉开，只将弓拉到半满就故意松开手，表示自己的力气不够大。接着他们会说："这张弓好厉害！拉开它至少要一千斤的力气。除了大王，是没有人能拉开的。"齐宣王听了，特别得意。于是，他表演拉弓给臣子们看。臣子们看了都大声叫好。

齐宣王拉弓时，明明只用了三百斤的力气，可他一辈子都认为自己是用了一千斤的力气。齐宣王只喜欢虚名，却不知道自己实际的力量究竟有多大。

【名家典籍】

尹文，齐国人。他所作的《尹文子》，大都是先秦人物故事、寓言小品，文简理丰、辞约而精，为后人所称引。

【慧言箴语】

做人要有自知之明，不能轻信那些诌媚、奉承、虚伪、言不及义的话，更不该听到好话就沾沾自喜、自以为是。

·涸泽之蛇·

泽涸，蛇将徙。有小蛇谓大蛇曰："子行而我随之，人以为蛇之行者耳，必有杀子者，不如相衔负我而行，人以我为神君也。"乃相衔负以越公道，人皆避之，曰："神君也。"

——韩非《韩非子·说林上》

有一年夏季，某个地方干旱缺水，地面都干裂了，很

多池沼也都干涸了。原本生活在水沼中的一些虫、鱼、蟹等动物，都搬迁到别的地方寻找水源去了。只有两条花水蛇没走。可过了几天，眼看池沼边的杂草全部枯死了，再不走就没法活命了，于是它们也准备搬迁。

临走之前，小蛇对大蛇说："你身强力壮走得快，如果你在前面走，目标太大，很容易被人们发现。那样人们一定会来捕杀我们，而你也一定先被捉到。所以，我想到了一个办法，你背着我走。因为人们从来没有见过哪种蛇长成这样，也没见过像我们这样行走的。所以他们会把我当成一位神君，从而对我们敬而远之。这样我们就能蒙混过关，安全抵达目的地了。"

大蛇觉得小蛇的话很有道理，就背起小蛇穿过大路，扬长而去。见到上下重叠行走的蛇，人们都很害怕，谁都不敢靠近。此事一传十，十传百。知道此事的人都煞有介事地说："那一定是蛇神了。"

【慧言箴语】

面对纷繁多变的社会，要善于识别变化多端的诡计，看问题时不能只看表面现象，要透过现象去分析和把握事物的本质。

· 献鸠放生 ·

邯郸之民，以正月之旦献鸠于简子。简子大悦，厚赏之，客问其故。简子曰："正旦放生，示有恩也。"客曰："民知君之欲放之，竞而捕之，死者众矣。君如欲生之，不若禁民勿捕；捕而放之，恩过不相补矣。"简子曰："然。"

——列子《列子·说符》

春秋时期，晋国有个大臣叫赵简子。他有个嗜好，就是在大年初一这天放生鸠鸟。百姓知道后，都纷纷捕捉鸠鸟，献给他，让他放生。每个献鸠鸟的人，都会得到赵简子的赏赐。所以每年初一这天，来赵简子家献鸠鸟的人络绎不绝。

赵简子的门客问他为什么要放生鸠鸟。赵简子说："大年初一放生，表示我爱护生灵，有仁慈之心。"门客说："您对生灵有仁慈之心，这的确难能可贵；可百姓知道您喜欢放生鸠鸟，都去山野里大肆追捕，这样一来，被打死打伤的鸠鸟不计其数啊！您若真心爱护生灵，就该下令禁止捕捉。如果像您现在这样，奖励百姓捕捉鸠鸟，然后再放生，那您对鸠鸟的仁慈还比不上您对它们造成的灾祸大呢！"

赵简子听了这番话，思考了一阵子，感叹地说："是这样啊！"

【慧言箴语】

寓言揭露了某些人只讲形式，不讲效果，沽名钓誉，假仁假义的伪善行为。

知识链接

春节俗称大年初一，古人又称元旦、正旦、端日等，改用公历纪元后采用"春节"的称法。春节是一岁之首，也是我国传统习俗中最隆重的节日。春节有很多习俗，比如守岁。就是在旧年的最后一晚不睡觉，熬夜迎接新一年的到来，也叫除夕守岁或熬年。此外，春节还有贴春联等习俗。

·诗礼发冢·

儒以诗礼发冢。大儒胪传曰："东方作矣，事之何若？"小儒曰："未解裙襦，口中有珠。《诗》固有之曰：青青之麦，生于陵陂。生不布施，死何含珠为？""接其鬓，压其颠，儒以金椎控其颐，涂别其颊，无伤口中珠。"

——庄子《庄子·外物》

古时候有两个儒士，虽饱读诗书，却专干掘墓盗财的事情。他们为人还极其迂腐，在掘墓的时候总是吟诗作对，甚至力求每一个动作都符合诗书里的规范。

一天夜里，两人又跑到荒郊野外，偷窃随葬品。他们像往常一样，分工进行，大儒放风，小儒钻墓穴。

大儒站在外面，四下瞧瞧，字正腔圆地说："东方已发亮了，事情进展得怎么样了？"

小儒在墓穴里，一边费力地剥死人的衣服，一边说："进行得很快，就差裙子和短袄没脱了。我突然发现，他的口中含着一颗闪闪发光的珠子。"

大儒一听，搓搓手掌自言自语道："真是不虚此行啊！"又赶忙对小儒说，"见了珠子，还犹豫什么，快取出来！《诗经》早就记载：'青青之麦，生于陵陂。生不布施，死何含珠为？'"

小儒说："他紧紧地闭着嘴呢，怎么取啊？"

大儒回答说："揪住他的头发和胡须，压着他的面颊，然后用金椎子撬开他的下巴，慢慢分开他的颊骨，只要不弄伤了他口中的珠子就行。"

【慧言箴语】

伪君子们总是口是心非、道貌岸然，明明做了坏事，还振振有词，引经据典。

· 黄公嫁女 ·

齐有黄公者，好谦卑，有二女，皆国色。以其美也，常谦辞毁之，以为丑恶。丑恶之名远布，年过而一国无聘者。卫有鳏夫时，冒娶之，果国色。然后曰："黄公好谦，故毁其子不姝美。"于是争礼之，亦国色也。

——尹文《尹文子·大道上》

齐国有一个姓黄的老相公，无论行事还是说话都十分谦虚。他有两个妙龄女儿，长得容貌艳丽、体态婀娜，一言一行都很高贵优雅，堪称国色天香。可是，黄公太谦虚了，甚至总是贬低这两个女儿。每与人提及自己的女儿，他就谦卑地说："小女相貌丑陋，一无是处，实在不值一提。"时间长了，人们都信以为真，以为他的两个女儿都长得丑陋不堪。因此，这两个女儿到了婚嫁年龄，却没有一个上门求亲的人。

卫国有个人死了老婆，无钱再娶，听说黄公的女儿相貌丑陋，年龄不小了还没有许配人家，就跑到黄家求婚。黄公虽然嫌卫人是已婚之人，但因考虑到自家女儿老大不小，只得同意，就把大女儿嫁给了他。等到婚礼完毕，卫人揭开盖头一看，大吃一惊，妻子竟然是个绝代美人！卫人问妻子："为何你如此貌美天仙，却找不到人家呢？"妻子抹着眼泪说："这都怪父亲，在外人面前过分谦虚，故意贬低我们姐妹俩的相貌。别人以为我们丑陋，哪还有人敢娶啊！"

后来，卫人逢人就说："黄公喜欢谦虚，总说自己的女儿长得丑，其实他的两个女儿都是少见的美人。"消息很快传开了，许多名门望族都竞相迎娶他的二女儿。一时间，黄公家门庭若市。没多久，二女儿也嫁人了。

【慧言箴语】 ··

一个人懂得谦虚诚然可贵，但是谦虚也要尊重客观实际，适可而止。如果违背事实，谦虚过度，就是虚伪了。

·仇由迎钟·

知伯将伐仇由，而道难不通。乃铸大钟遗仇由之君。仇由之君大说，除道将内之。赤章曼枝曰："不可。此小之所以事大也，而今也大以来，卒必随之，不可内也。"仇由之君不听，遂内之。

——韩非《韩非子·说林下》

仇由国是春秋时期的一个小国，邻国晋国是个大国。当时，晋国的智伯一直计划着发兵攻打仇由国。可是去往仇由国的道路十分狭窄，异常艰险，兵马难行，想要取胜并非易事。

智伯挖空心思想出了一个计策。他令人铸造了一座很精美的大钟。这个大钟比通往仇由国的道路要宽出很多倍。然后他派使者告诉仇由国的国君说，要把这座大钟赠予他，只是碍于道路狭窄，请他拓宽道路，准备迎接。仇由国的国君接到消息后，喜出望外，立即下令修建道路。

赤章曼是仇由国的一个谋士。他知道这件事后，立即来劝谏国君说："万万不可把道路修好啊！赠送礼物原本应该是小国对大国的尊崇方式。现在大国反而送礼物给小国，这里面定有玄机。晋国已经歼灭很多国家了，我们国家能像现在这么安定，就是因为我们地处偏远，道路狭窄，行军不便。如果我们现在为了区区一座钟，大兴民力修建道路，那么等路修好了，晋国一定会来攻打我们的，千万不可因小失大啊！"

可是，仇由国的国君竟不以为然地说："虽说你平时计谋很多，可是这一次，你实在是多虑了。晋国要送我们那么华丽的大钟，怎么会有恶意呢？这一定是晋国想和我们建立友好关系的缘故。这是关系到千秋万代的大好事。"仇由国君贪图礼物，没有把赤章曼的劝阻当回事。

几个月后，道路修好了，又宽阔又平坦。仇由国君举行了隆重的迎接仪式，兴高采烈地将大钟运回了本国。可是没过几天，智伯的军队就顺着运钟的道路，大张旗鼓地侵入了仇由国，不费吹灰之力就将仇由国消灭了。仇由国

国君悔恨自己当初没有听从劝告。

【慧言箴语】

　　要善于识破那些"包裹着糖衣的炮弹"，如果眼光狭隘，贪图小利益，不听良言，必招祸患。

·小吏烹鱼·

　　昔者有馈生鱼于郑子产，子产使校人畜之池。校人烹之，反命曰："始舍之，圉圉焉，少则洋洋焉，悠然而逝。"子产曰："得其所哉！得其所哉！"校人出曰："孰谓子产智，予既烹而食之，曰：'得其所哉！得其所哉！'"

　　　　　　　　　　　　——孟子《孟子·万章上》

　　子产是春秋时期很有名的政治家。

　　某一天，有人给子产送来了一条鲜活的大鱼。子产便叫一个小吏把鱼放到池塘里养起来。

　　这小吏拎着鱼向池塘走去，一见这鱼这么肥美，禁不住诱惑，就悄悄地拿回去煮着吃了。

　　事后，小吏前来报告子产，并故意装出苦恼的样子说："我已经把那条鱼放到池塘里去了。那鱼刚一入水还呆呆地不动，可不一会儿就甩着尾巴游了起来，一头钻进深水中，没了影儿，不知去向了！"

　　子产听了高兴地说："这是'如鱼得水'啊！看来鱼

儿是找到好的去处了，我们应该为它高兴才是。"

小吏见谎话没有被识破，从子产那里出来时便很得意，自言自语地说："都说子产很聪明，我看有点言过其实。这么容易就被人骗了，算什么聪明！鱼已经被我煮着吃了，他还说找到好去处了。看来，这好去处就是我的肚子了。"说完，小吏大笑起来。

【名家典籍】

《孟子》共七篇，包括《梁惠王》《公孙丑》《滕文公》《离娄》《万章》《告子》《尽心》。

【慧言箴语】

子产被小吏蒙骗的事说明，要善于识破那些看似合情合理的谎言。

·朝三暮四·

宋有狙公者，爱狙，养之成群。能解狙之意，狙亦得公之心。损其家口，充狙之欲。俄而匮焉，将限其食，恐众狙之不驯于己也，先诳之曰："与若芧，朝四而暮三，足乎？"众狙皆伏而喜。

——庄子《庄子·齐物论》

宋国有一个叫狙公的人，养了一大群猕猴。时间久了，人猴之间形成了一种默契。狙公几乎能从猕猴的一举一动中，猜出它们的心思；猕猴也能从狙公的表情、话音和行为举止中领会他的意图。

狙公养了这么一大群猕猴，每天都要吃掉很多粮食。偏巧这年庄稼歉收，狙公家里的存粮连给人吃都不够，喂养猕猴就更难了。狙公居住的村子里有一棵大栎树，栎树上结满了橡子。狙公想：每天摘些橡子回去喂猕猴，不就能节省粮食了吗？于是狙公就每天摘橡子给猕猴吃，猕猴果然很喜欢。

一个月后，树上的橡子已所剩无几。狙公对猕猴说："从现在起要省点吃，今后你们每天早晨吃三粒，晚上吃四粒，怎么样？"猕猴一听都急了，个个立起身子、抓耳挠腮，对着狙公叫喊发怒。狙公知道它们是嫌给的橡子太少。狙公见猕猴不肯服从，就换了一种方式说："既然你们嫌我给的橡子少，那就改成每天早上四粒，晚上三粒，行吗？"猕猴一听这话都安静下来了，眨着眼睛，露出了高兴的神态。

【名家典籍】

《庄子》的句式富于变化，或顺或倒，或长或短，加之词汇丰富、描写细致，又常常不规则地押韵，极有独创性。

【慧言箴语】

有些人喜欢用"朝三暮四"的手法来欺骗人。我们在看待事情时，要摒除假象的诱惑，注重实际内容。

磨砺坚强的意志

　　坚强的意志，就是面对诱惑，倔强抵抗；面对权势，不卑不亢；面对成功，戒骄戒躁；面对失败，永不言弃。拥有坚强意志的人，能一往无前，顽强拼搏；能锲而不舍，专心致志；能克服困难，战胜自我。

　　坚强的意志是事业成功的保证，米南德说过："谁有历经千辛万苦的意志，谁就能达到任何目的。"而经受挫折正是锻炼意志、增加能力的好机会，正所谓"苦其心志，劳其筋骨，饿其体肤，空乏其身，行拂乱其所为，所以动心忍性，曾益其所不能"。

· 不受嗟来之食 ·

黔敖为食于路，以待饿者而食之。有饿者蒙袂辑屦，贸贸然来。黔敖左奉食，右执饮，曰："嗟！来食！"扬其目而视之，曰："予唯不食嗟来之食，以至于斯也。"从而谢焉，终不食而死。

——《礼记·檀弓》

春秋时期，有一年，齐国发生了旱灾，庄稼都枯死了，穷苦的百姓没有粮食吃，一个个都饿得头昏眼花，快要死了，而富人家的粮仓里却堆满了粮食。

有一个富人名叫黔敖，看着穷人一个个饿得东倒西歪的样子，幸灾乐祸，想戏弄一下这些灾民。黔敖故意把窝窝头摆在路边。每当有饥民走来，他就傲慢地吆喝道："叫花子，给你吃吧！"然后把窝头扔在地上滚出去很远，看着饥民们爬过去捡。自己便在一旁哈哈大笑。不一会儿，远处走过来一个瘦骨嶙峋的饥民，只见他破衣烂衫，蓬头垢面，十分狼狈。他已经好几天没吃东西了，走起路来摇摇晃晃的。

黔敖看见这个饥民的模样，特意拿了两个窝窝头，还盛了一碗汤，对着这个饥民大声叫道："喂，过来吃！"饥民没有理他。黔敖又叫道："嗟，听到没有？给你吃的！"只见那饥民突然精神振作起来，瞪眼看着黔敖说："收起你的食物！我宁愿饿死也不吃嗟来之食！"

黔敖万万没料到，在饥饿面前居然还有人能保持尊严。他满面羞惭，一时说不出话来。而饥民终究是饿死了。

【名家典籍】

《礼》即《礼记》，是儒家五经《诗》《书》《礼》《易》《春秋》之一。三礼是指《周礼》《仪礼》《礼记》。

【慧言箴语】

做人要有骨气，人穷志不短。我们可以接受善意的帮助，但绝不能低三下四地接受别人的施舍。

·纪昌学射箭·

纪昌者，又学射于飞卫。飞卫曰："尔先学不瞬，而后可言射矣。"二年后，虽锥末倒眦，而不瞬也。飞卫曰："必学视而后可。视小如大，视微如著。"昌以牦悬虱于牖，南面而望之。飞卫高蹈拊膺曰："汝得之矣！"

——列子《列子·汤问》

甘蝇是古代著名的射箭高手。他只要一拉弓，将箭射向野兽，野兽就会应声而倒；将箭射向天空飞翔着的飞鸟，飞鸟就会顷刻间从空中坠落下来。甘蝇的弟子飞卫勤学苦练，本领在师父之上。有个叫纪昌的人要拜飞卫为师。飞卫对纪昌说："你先要练习在任何情况下都不眨眼，等你练好了这个本领再来跟我学射箭。"

纪昌回到家后，每当妻子织布的时候，他就躺在织布机下，两眼一眨不眨地盯着穿来穿去的梭子看。苦练了两年后，纪昌终于练好了这个功夫。

他去拜见飞卫时，飞卫说："这还不行，除了有不眨眼的本领，还要有能看的本领，要能把小的东西看得很大、很清楚。等你学会了这个本领再来见我。"

纪昌回到家，用一根牛尾毛拴了一个虱子，挂在窗口，每天都盯着它看，从不间断。三年过去了，他竟然能把一个虱子看得跟车轮一样大。看其他物体时，也都能把它们看得很大。纪昌拿来一张弓，搭上箭，向虱子射去，箭正好从虱子正中间穿过去，而挂虱子的牛尾毛却没有断。

纪昌连忙去找飞卫。飞卫高兴地说："你已经学会射箭了。"

【慧言箴语】 ∙∙

要学好本领，必须苦练基本功，并且持之以恒。只有坚持不懈地练习，才能学有所成。

∙愚公移山∙

太行、王屋二山，方七百里，高万仞。北山愚公者，年且九十，面山而居。聚室而谋曰："吾与汝毕力平险，指通豫南，达于汉阴，可乎？"杂然相许。寒暑易节，始一反焉。河曲智叟笑而止之，曰："甚矣，汝之不惠。"

——列子《列子·汤问》

古时候有个年近九十的老汉，平时不爱多说话，总是闷着头做自己的事情，因此人们叫他愚公。

愚公生活的地方很闭塞，因为太行和王屋这两座大山隔断了交通，给人们带来了很多不便。

有一天，愚公萌生了一个想法。他想把这两座大山挖平，以方便乡亲们的出行。他召集全家说："我想和你们一起挖平那两座大山，你们愿意吗？"家人没有反对，只有他的妻子提出疑问，说："把挖下来的土石放到哪里去呢？"愚公说："把它们扔到渤海的边上。"

于是他率领三个儿孙，挑着担子开始了他们的计划。他们敲凿石头，挖掘泥土，用畚箕向渤海的边上运去。

邻居的寡妇有个孤儿，刚七八岁，也蹦蹦跳跳地来帮他们运土石。

因为距离渤海很远，他们几个月的时间才能往返一趟。

同村有个头脑精明的老头，人家都叫他智叟。智叟见愚公这么卖力，不禁嘲笑说："你太愚蠢了。都是快死的人了，何必浪费力气挖土石呢？"愚公说："你思想太顽固，连孤儿寡妇都不如。即使我死了，还有儿子在呀；儿子生孙子，孙子又生儿子，一代代延续下去，是没有穷尽的。而山却一天天变小，还愁挖不平吗？"智叟无言以对了。

天帝被愚公的诚心和毅力感动了，派了两个神仙背走了那两座大山——愚公的愿望成真了。

【名家典籍】

列子主张摆脱人世间贵贱、名利的羁绊，顺应大道，淡泊名利，清静修道。

愚公面对困难毫不退缩、坚持不懈的精神启发我们，无论多么困难的事情，只要有恒心、有毅力，就有可能成功。

知识链接

五岳是华夏名山之首，是远古山神崇拜、五行观念和帝王封禅相结合的产物，以象征中华民族的高大形象而名闻天下。五岳指东岳泰山，西岳华山，北岳恒山，中岳嵩山，南岳衡山，分别以雄、险、奇、峻、秀闻名。其中，东岳泰山被尊为五岳之首，号称"天下第一山"，被视为崇高、神圣的象征，有"五岳独尊"之说。

·佝偻承蜩·

仲尼适楚，出于林中，见痀偻者承蜩，犹掇之也。仲尼曰："子巧乎！有道邪？"曰："五六月累丸二而不坠，则失者锱铢；累三而不坠，则失者十一；累五而不坠，犹掇之也。吾不反不侧，不以万物易蜩之翼，何为而不得！"

——庄子《庄子·达生》

一次，孔子到楚国去，穿过一片树林时，看见一个驼背老人正拿着长长的竹竿粘蝉，动作非常娴熟。只要他想粘的蝉没有一个能跑得掉的。

孔子看了一会儿，问他："你的技术这么灵巧，有什么窍门吗？"

驼背老人回答说："当然有窍门。五六月时，我练习在竿头上叠放粘丸。当在竿头叠放两个粘丸而不掉下来时，捕蝉时就很少有蝉能跑掉；当叠放三个粘丸而不掉下来时，捕蝉时跑掉的蝉就更少了；当叠放五个粘丸而不掉下来时，捕蝉就很容易了。另外，捕蝉时，我的身子总是纹丝不动，就像树桩一样；举竿的手臂，也稳稳当当地不乱晃。尽管天地广大，万物繁多，但捕蝉时，我的眼中就只有蝉的翅膀。我一动不动，专心致志，怎么会捉不到蝉呢？"

孔子听了，回头对他的学生们说："用心专一、精神集中才能干好一件事，这就是驼背老人所说的道理啊！"

【慧言箴语】

只有用心专一，艰苦努力，持之以恒，才能学好本领。

·子罕不受玉·

献玉者曰："以示玉人，玉人以为宝也，故敢献之。"子罕曰："我以不贪为宝，尔以玉为宝，若以与我，皆丧宝也，不若人有其宝。"

——左丘明《左传·襄公十五年》

春秋时期，一个乡民获得了一块璞玉，拿去献给宋国的大夫子罕。子罕拒不接受。乡民说："这可是一件宝玉呀，我是请玉工鉴定过，才敢进献给您的！"子罕说："你把美玉当作宝物，我却把不贪婪当作宝物。如果你把玉给了我，我们两人就都丧失了宝物，不如各自保留宝物吧。"

璞玉虽宝贵，但一个人高尚廉洁的品质、抵制财富诱惑的意志更宝贵。

· 和氏璧 ·

和乃抱其璞而哭于楚山之下，三日三夜，泣尽而继之以血。王闻之，使人问其故。曰："天下之刖者多矣，子奚哭之悲也？"和曰："吾非悲刖也，悲夫宝玉而题之以石，贞士而名之以诳，此吾所以悲也。"

——韩非《韩非子·和氏》

楚国有一个叫卞和的人。一次，他在山中得到了一块尚未雕琢的璞玉，便拿着这块璞玉去进献给楚厉王。楚厉王叫玉匠鉴定这块璞玉。玉匠看了以后对厉王说："这只是一块普通的石头。"厉王听完，勃然大怒，以为卞和故意欺骗他，就下令砍掉了他的左脚。卞和忍痛含冤离去。

厉王死了以后，武王继位。卞和又带着那块璞玉去献给武王。武王也找来玉匠鉴定那块璞玉。可玉匠仍说它是一块普通的石头。武王也很气愤，下令砍掉了卞和的右脚。

武王死了以后，文王继位。卞和来到楚山脚下，抱着那块璞玉痛哭起来。他一连哭了三天三夜，泪水都哭干了，眼里流出了血。文王知道了这件事后，派了一个差官去了解情况。差官问卞和："天下受砍脚之刑的人很多，为什么唯独你长期悲痛不已呢？"卞和说："我伤心并不是因为脚被砍断。我痛心的是宝玉被人说成是普通石头；我忠心耿耿却被当成骗子。"

文王听了差官的汇报以后，又找玉匠来鉴定那块璞玉。这一次，玉匠用凿子敲掉了璞的表层，得到了一块洁白无瑕的美玉。文王便命玉匠把这个稀世罕见的玉石雕琢成璧，并给它起了个名字，叫"和氏璧"，用以昭示卞和的胆识与忠贞。

【慧言箴语】┈┈┈┈┈┈┈┈┈┈┈┈┈┈┈┈┈┈┈┈┈┈┈┈┈┈┈

卞和赤胆忠心，忠贞不渝。更令人敬佩的是他的意志坚强如钢，从不轻言放弃。

·列子家贫·

使者去，子列子入，其妻望之而拊心曰："妾闻为有道者之妻子，皆得佚乐，今有饥色。君过而遗先生食，先生不受，岂不命邪！"子列子笑谓之曰："君非自知我也。以人之言而遗我粟，至其罪我也又且以人之言，此吾所以不受也。"

——庄子《庄子·杂篇》

战国时期的思想家列子，生活很贫困，家中经常缺衣少食。

有一次，列子家又没有粮食吃了，便带着妻子上山挖野菜充饥。夫妻二人都面黄肌瘦，走起路来身体都摇晃了。

有人听说了这件事，就对郑国的上卿子阳说："列子是一位很有品德的人，居住在你治理的国家却遭受了贫困，一定是你不喜欢贤达的士人吧？"子阳很想得到一个重视贤士的名声，就立即派官吏给列子送去了一车的粮食。

列子见到送粮的官吏，问明了原因后，再三辞谢，却没有接受子阳的馈赠。送粮的官吏只得把粮食又带了回去。

官吏走后，列子的妻子埋怨他道："我听说给有道义的人当妻子，都能够享尽逸乐，可是如今我却面有饥色。子阳瞧得起你，才会赠送粮食给你，你为什么不接受呢，难道是命里注定要忍饥挨饿吗！"

列子说："郑相子阳并不是真正了解我。他是听到别人的谈论，才派人赠送我粮食的。如果有一天，他想加罪于我，也一定会凭借别人的言论。况且，接受别人的东西后，在人家有难时袖手旁观，那是不道义的；如果以死报效一个没有道义的人，更是不道义啊。这就是我不接受的原因。"

【慧言箴语】∷∷∷∷∷∷∷∷∷∷∷∷∷∷∷∷∷∷∷∷∷∷∷∷∷∷∷∷

即使身处逆境，也要遵守自己的原则和立场，不可贪图不义之人的不义之财，失掉做人的道义和操守。

·岑鼎·

昔齐攻鲁，求其岑鼎。鲁侯伪献他鼎而请盟焉。齐侯不信，曰：“若柳季云是，则请受之。”鲁欲使柳季。柳季曰：“君以鼎为国，信者亦臣之国，今欲破臣之国，全君之国，臣所难。”鲁侯乃献岑鼎。

——左丘明《国语》

　　春秋时，鲁国有个宝贝，叫岑鼎。这只岑鼎形体巨大，气势宏伟雄壮，鼎身上铸有精致绝美的花纹，堪称鬼斧神工之作。看到它的人没有一个不赞不绝口的。鲁国的国君更是非常珍爱岑鼎，把它看作镇国之宝。

　　当时，与鲁国相邻的齐国国力强盛，经济和军事力量都在鲁国之上。齐国为扩张领土，向鲁国发起了声势浩大的进攻。鲁国刚一发兵抵挡，就被打败。鲁国国君只得派出使者，向齐国求和，但是齐国的条件是：鲁国必须献上岑鼎以示诚意，否则就不退兵。

　　鲁国国君舍不得把珍贵的岑鼎献出去，可是又不敢不答应。正在左右为难之际，一个大臣出了个主意，说：“齐国人并没有亲眼见过岑鼎，我们何不献一个假鼎，蒙混过关呢？这样既能使齐国退兵，又会不失掉宝贝，难道不是个两全之策吗？”“妙啊！”鲁国国君听后顿时眉开眼笑，拍手称是，说：“就照你说的办！”

　　于是，鲁国国君命人暗中做了一只假岑鼎，献给了齐国。

　　齐国国君得了鼎，左看右看，自言自语道："这鼎虽称得上巧夺天工，但并不如传说中那样精美。我虽早就耳闻这只鼎的美妙绝伦，却不曾亲眼见过。鲁国会不会拿假鼎来骗我呢？"于是齐国国君把臣子们叫来，说："用什么方法才能鉴别鼎的真伪呢？如果这是假鼎，不仅我受到了愚弄，整个齐国的国威都会大大受损。你们可有什么好办法吗？"有个大臣说："我听说鲁国有个叫柳季的人。他为人很诚实，生平从未说过假话，一直以讲信用而被人称道。我们就让鲁国国君把柳季派来，问问他这鼎是真是假。若他说这只鼎是真的，那我们就不用再怀疑了。"齐国国君同意了，派人把这个信息传达给了鲁国国君。

　　鲁国国君把柳季请来，把事情告诉了他，并对他说："请你破一回例，说一次假话，以保全我们鲁国的宝物。如果你肯这么做的话，我一定会重赏你。"柳季沉思了半晌，严肃地回答道："您把岑鼎当作最重要的东西，而我则把信用看得比宝物还重。它是我立身处世的根本，是我做人必须坚持的原则。现在您让我失去做人的品质，来换取您的宝物，我做不到！"鲁国国君听了他这一番义正词严的话，虽然很生气，但也无可奈何，最终把真岑鼎献给了齐国。

【名家典籍】

　　《国语》是杂记西周以及春秋时周、鲁、齐、晋、郑、楚、吴、越八国的人物、事迹、言论的国别史。

诚实守信是无价的，任何珍宝都不能和它相比。做人一定要以诚信为本，即便在强权面前，也不能放弃原则。

·不食盗食·

东方有士焉，曰爰旌目。将有适也，而饿于道，狐父之盗曰丘，见而下壶餐以哺之。爰旌目曰："嘻！汝非盗邪？胡为而食我！吾义不食子之食也！"两手据地而吐之，不出，喀喀然遂伏地而死。

——吕不韦《吕氏春秋·介立》

东方有一个名叫爰旌目的人。一次他要到远方去，可在赶路途中却饿倒了，只有一息尚存。狐父有一个叫丘的强盗，见爰旌目饿倒在地上，就拿来了一些汤水喂他吃。

爰旌目吃了几口后，慢慢睁开眼睛，问："你是谁？"

丘说："我是狐父人，名字叫丘。"

爰旌目说："你不就是那个人人憎恶的强盗吗？我是个遵守道义的人，不吃强盗之食！"说罢，他两手撑在地上用力呕吐。呕吐不出来，他便急促地咳了几声就栽倒在地上，死了。

爰旌目宁愿饿死也不吃强盗的食物。他在饥饿面前仍能坚守道义的做法，令人尊敬。其实，守住精神就是守住生命。

· 孟贲不易勇 ·

人谓孟贲曰："生乎？勇乎？"曰："勇。""贵乎？勇乎？"曰："勇。""富乎？勇乎？"曰："勇。"

——尸佼《尸子校正》

孟贲是战国时代的一位骁勇之士。他在战场上总是勇往直前，所向披靡，令敌人闻风丧胆。

有人问孟贲："生命与勇敢相比，您认为哪一个更重要呢？"

孟贲不假思索地回答说："当然是勇敢！"

"那么，显赫的官位与勇敢作比较，你认为哪一个重要呢？"

"还是勇敢！"孟贲的回答斩钉截铁。

"若用万贯家财与勇敢相比，你选择什么呢？"

孟贲毫不迟疑地回答："勇敢！"

对于每一个人来说，生命、官职、财富是极其宝贵而又难以得到的东西；可是在孟贲眼中，它们都不能跟人的勇敢相比。孟贲面对各种诱惑，还能坚持自己的原则，这种精神是多么可贵啊！

【慧言箴语】

一个人的生命中最宝贵的是人格、品行，无论在何种情况下，都应该坚守。

将学习进行到底

学习知识能让我们进行一种思考、一种自我完善。知识能使人清醒，明辨是非，大彻大悟；知识有如漫漫长夜里的火把，给人光明，给人温暖，给人希望；知识能使人获得内心的充实和满足。当人们进入忘我的学习境界时，便无暇去考虑物质世界的富有与贫困。

英国著名哲学家培根说过："狡诈者轻鄙学问，愚鲁者羡慕学问，聪明者则运用学问。"生命有涯，知识无穷，人要活到老，学到老，用到老。

一儿曰:"日初出大如车盖。及日中,则如盘盂,此不为远者小而近者大乎?"一儿曰:"日初出沧沧凉凉,及其日中如探汤,此不为近者热而远者凉乎?"

——列子《列子》

有一次,孔子到东方的一个地方游历,半路上看见两个小孩在为什么事情争得面红耳赤,就走上前去问他们为何事争辩。

第一个小孩说:"先生,你来得正好,你给我们评评理。我认为太阳刚出来时离我们近,到中午时就离我们远了。"

第二个小孩说:"我认为太阳刚升起来时离我们远,到中午时才离我们近。"

第一个小孩反驳道:"太阳刚出来时像车上的篷盖那么大,可到了中午就只有盘子那么大了。这不正应了离我们远的东西看起来小,离我们近的东西看起来大的道理吗?"

第二个小孩也有很好的理由,他说:"太阳刚升起来时,令人感觉凉飕飕的;而到了中午,却使人感觉暖融融的。这不正应了感到凉的物体离我们远,感到热的物体离我们近的道理吗?"

两个小孩请孔子评判他们谁说得对,可孔子也被难住了。两小孩失口笑了起来，说：“谁说你知识渊博、无所不知？你居然也有不懂的地方啊！”

列子认为：“至人之用心若镜，不将不迎，应而不藏，故能胜物而不伤。”

【慧言箴语】

人生有限，知识无涯，即使是博学多闻的孔子也会有所不知。这篇寓言还告诉人们，从不同的角度看问题，会得出不同的看法，因此在学习时要注意克服片面性，进行辩证思维。

·师文学琴·

瓠巴鼓琴而鸟舞雨跃。郑师文闻之，弃家从师襄游，桂指钩弦，三年不成章。师襄曰：“子可以归矣。”师文舍其琴，叹曰：“文非弦之不能钩，非章之不能成。文所成者不在弦，所志者不在声。”

——列子《列子·汤问》

古时候有个善于弹琴的乐师名叫瓠巴。据说在他弹琴的时候，鸟儿能踏着节拍飞舞，鱼儿也会随着韵律跳跃。

郑国的师文听说后，十分向往，就来到鲁国拜师襄为师，学习弹琴。师襄手把手地教他调弦定音。可是他的手指十分僵硬，学了三年，竟弹不成一个乐章。师襄无计可施，失望地对他说："你太缺乏天赋了，还是不要浪费时间学弹琴了。"

师文放下琴后，叹了口气，说："我不是调不好弦、定不准音，也不是不会弹奏完整的乐章，只是我所关注的并非只是调弦和音准，而是想用琴声来表达我内心的情感啊！在我还不能准确地把握情感，也不能用合适的琴声来表达时，我没法集中精神学调弦。所以，请老师再教我一段时间吧。"

后来，师文再去拜见师襄。师襄问："你的琴弹得怎样了？"师文说："我已经略有所成，现在让我弹奏一曲给您听吧。"于是，师文开始弹奏。他首先奏响了属于金音的商弦，使之发出代表八月的南吕乐律。那琴声似乎挟着凉爽的秋风拂面而来，草木好像都要成熟结果了。随之，他又拨动了属于木音的角弦，使之发出代表二月的夹钟乐律。那琴声又仿佛送来了温暖的春风，使人眼前映现出一片春意盎然的景色，令人心驰神往。

曲终，师襄对师文说："你演奏得真是太美妙了！即使是最有名的清角之曲和律管之音，也无法跟你的琴声相媲美呀！"

【慧言箴语】

学习任何技艺都不能满足于表面上的简单操作，而要像师文那样深究其理、矢志不渝，只有这样，才能运用自如，取得成功。

·王寿焚书·

王寿负书而行，见徐冯于周涂，冯曰："事者，为也，为生于时，知者无常事；书者，言也，言生于知，知者不藏书。今子何独负之而行？"于是王寿乃焚书而舞之。

——韩非《韩非子·喻老》

从前有个读书人叫王寿。有一天，他背着一大袋子书走在弯弯曲曲的小路上。路上他遇见了好友徐冯。

徐冯见他背着沉重的书袋子，累得满头大汗，就开导他说："事情是靠人做出来的，而不是靠死读书读出来的。做任何事情都要符合时代潮流，思想要随着时势的变化而变化。知识哪能固定不变呢？书本上所记录的都是人们的言论，而

人的言论，又是在当时的客观事物的基础上得出来的。因此，有知识的人是不收藏书籍的。现在你为什么还背着书走路呢？"

王寿听了以后，立即把满袋子书烧掉了，还高兴地说："留着这些书没有用了！"

学习知识，不能从只重视书本知识这个极端走向只重视实践的另一个极端，正确的态度应该是在认真学习书本知识的同时，不断将其拿到实践中去检验。

·楚人学齐语·

有楚大夫於此，欲其子之齐语也。一齐人傅之，众楚人咻之，虽日挞而求其齐也，不可得矣。引而置之庄岳之间数年，虽日挞而求其楚，亦不可得矣！

——孟子《孟子·滕文公下》

从前，楚国有个官员。他觉得齐国话很好听，就想让他的儿子学说齐国话。

于是，他找来了一个齐国人专门教儿子学齐国话。尽管儿子学得很刻苦，但由于周围都是楚国人，跟他们交谈时总是用楚国话，所以怎么都学不会齐国话。

这个官员气得天天用鞭子打儿子，强逼着他学，可儿子还是学不会。

后来，这个官员把儿子带到齐国居住了几年。结果他的儿子不仅学会了齐国话，还说得很流利、很地道。

自身的努力是学习的决定性因素，但是外在的环境也很重要。因此要善于创造适合学习的客观环境。主客观很好地结合才能促进学习。

·造父学驾车·

造父之师曰泰豆氏。造父之始从习御也，执礼甚卑，泰豆三年不告。造父执礼愈谨，乃告之曰："古诗言：'良弓之子，必先为箕；良冶之子，必先为裘。'汝先观吾趣。趣如吾，然后六辔可持，六马可御。"造父曰："唯命所从。"

——列子《列子·汤问》

造父向泰豆氏学驾车时，对老师谦恭有礼。可是三年过去了，泰豆氏却什么也没教给他。

有一天，泰豆氏对造父说："古诗说：想造好弓的人，一定要先学会编织簸箕；想成为冶金炼铁的人，必先学会缝制皮衣。你要学驾车的技术，就要先学好快步走。只有这样你才能手执六根缰绳，从容自如地驾驭六匹马的马车。"

于是，泰豆氏把木桩立起来排成排，每根木桩上只能站住一只脚，木桩和木桩间隔一步远。泰豆氏在这些木桩上来回疾走，快步如飞，却不会跌下。造父照着老师的样子刻苦练习，仅用了几天的时间就掌握了技巧。

泰豆氏赞叹道："你太聪明了，竟能这么快就学会快走！从前你走路时，力量是来自于脚，并受心的支配；而驾车时，只有控制好缰绳和嚼口，才能使六匹马步伐相同，行驶平稳。"

　　他又接着说："你只有在内心真正领会了这个道理，并了解了马的脾性，才能在驾车时进退笔直，转弯符合规矩，即使跑很远的路也不疲倦。真正会驾车的人，应当双手熟练地握紧缰绳，依靠心的指挥，驾车时既不用眼看，也不用鞭子赶；内心放松，身姿端正，六根缰绳不乱，二十四只马蹄整齐划一，转弯和进退都统一有序。如果驾车达到了这样的境界，车道的宽阔或狭窄、险峻或平坦，对驾车人来说就都无所谓了。这就是我全部的驾车技术，你要牢牢记住！"

【慧语箴言】

　　要学会一门高超的技术，必须掌握过硬的基本功，然后才能得心应手，运用自如。

·轮扁论读书·

　　桓公读书于堂上，轮扁斫轮于堂下，释椎凿而上，问桓公曰："敢问公之所读者，何言邪？"公曰："圣人之言也。"曰："圣人在乎？"公曰："已死矣。"曰："然则君之所读者，古人之糟粕已夫！"

——庄子《庄子·天道》

齐桓公正在厅堂上读书，一个叫扁的工匠在厅堂下面埋头做车轮。工匠见桓公读书的认真劲儿，不禁生出好奇心，放下斧凿等工具，走上前去问道："请问君王，您读的书里都写着什么呀？"

桓公说："是圣人说过的话。"

工匠又问："圣人还活着吗？"

桓公说："已经死了。"

工匠说："这么看来，您所读的不过是古人的糟粕罢了。"

桓公大怒道："我在这里读书，你一个做车轮的工匠，怎么可以随便干涉呢？你若是能说出道理来，我可以饶过你；要是说不出道理来，我就要治你的罪！"

工匠说："我是从我的工作经验中得出的道理。制作车轮时，首先要制作一个连接辐条和车毂的榫头。可是榫头做得太粗，就会连接不牢固；做得太细，又会无法插入。所以要把榫头做得恰到好处，就要自己体会、琢磨，掌握分寸。这里面的技巧，嘴里说不出来，只能从具体的制作中看出来。所以，我无法把我的技巧很明白地告诉我的儿子，我的儿子也不能继承我的技术。而古人和他们那无法用语言说出来的道理一同死去了，您怎么能继承他们的思想呢？您读的东西难道不是古人留下来的糟粕吗？"

齐桓公听后，若有所思地点了点头。

【慧语箴言】

"实践出真知"，真正的技巧是不能口耳相传的，只能从实践中获得。

郢人有遗燕相国书者，夜书，火不明，因谓持烛者曰："举烛"，云而过书"举烛"……燕相白王，王大悦，国以治。治则治矣，非书意也。

——韩非《韩非子·外储说左上》

古时候，有个郢人写信给燕国的相国。因为信是在晚上写的，烛光昏暗，加上郢人视力不好。他就一边写着，一边对给他举蜡烛的仆人说："举烛。"意思是把蜡烛举高一点儿。他嘴里说着，就随手把"举烛"二字写到信里去了。其实，"举烛"这两个字和信的内容根本就没有关系，也不是他想表达的意思，纯属笔误。

可燕国的相国收到信以后，看到信中的"举烛"二字，起初很不明白是什么意思，于是翻来覆去地想了很久，突然一拍脑袋说："'举烛'二字太好了！举烛就是倡行光明的政策。要倡行光明，不就是要举荐贤能的人才吗？这个意见实在是太好了，我要奏明君主。"

于是，燕相就把这封信和自己对"举烛"的理解告诉了燕王。燕王听了觉得很有道理，就按照燕相的建议，广招贤能之才，开明圣听，大力治国。不到一年的时间，燕国就出现了政治清明、社会稳定、人民安居乐业的景象。

国家虽是治理好了，但"举烛"二字却根本不是郢人的意思。燕相和燕王只是误打误撞，受了这两个字的启发。

虽然燕王受了"举烛"二字的启发，治理好了国家，但这毕竟只是误打误撞，是一件侥幸之事。我们在现实生活中，无论是治学还是做其他的事情，都要有实事求是的态度，不可断章取义、穿凿附会、曲解原意，把主观的东西强加给客观。

·杀龙妙计·

朱泙漫学屠龙于支离益，殚千金之家，三年技成，而无所用其巧。

——庄子《庄子·列御寇》

朱泙漫是个很爱学习的人。为了想学会一门特殊的本领，他变卖了全部家产，带上钱粮到远方去拜支离益为老师，跟他学习杀龙的技术。

三年过去了，他学成归来。乡人问他学到了什么，他便将捉龙、刺龙、擒龙、伏龙、降龙等全套技艺展示给众人看。人们看了都大笑不止，问他："什么地方有龙可杀呢？"朱泙漫这才恍然大悟。原来龙只是人们想象中的东西，实际上并不存在。因此，他虽然学到了高超的杀龙本领，却根本没有施展的机会。

学习要有明确的目的，要能够解决实际问题。如果无的放矢，那么再大的本领也没有用。

· 列子学射 ·

尹子曰："子知子所以中者乎？"对曰："弗知也。"关尹子曰："未可。"退而习之三年，又以报关尹子。尹子曰："子知子所以中乎？"列子曰："知之矣。"关尹子曰："可矣。守而勿失也！非独射也，为国与身亦皆如之。"

——列子《列子·说符》

列子跟关尹子学习射箭，一段时间以后，已经能够百发百中了。他高兴地去报告给关尹子。关尹子问他："你知道你为什么能射中目标吗？"

列子老老实实地回答："不知道。"

关尹子说："你虽然射中了靶，却不知道射中的道理，证明你还没有学好啊！"

于是，列子回去继续练习。三年后，他再次来向关尹子请教。

关尹子问："你现在知道你为什么能射中目标了吗？"

列子回答说："知道了。"

关尹子点点头说："懂得了为什么能射中，也就是掌握了射箭的规律，这才算学会了。这其中的道理，你要永远记住。不仅射箭要这样，治理国家、为人处世都应该这样。"

这个道理不只适用于射箭，社稷的兴旺、国家的灭亡、德行的高尚、人品的低下，也都像列子学射一样，有它各自的原因。

【慧言箴语】

学射箭如此，办其他事情也应这样，不仅要知其然，也要知其所以然，掌握它的规律。只有自觉地按规律办事，才能把事情办好。

·学弈·

弈秋，通国之善弈者也。使弈秋诲二人弈，其一人专心致志，惟弈秋之为听；一人虽听之，一心以为有鸿鹄将至，思援弓缴而射之。虽与之俱学，弗若之矣。为是其智弗若与？曰："非然也"。

——孟子《孟子·告子》

从前有一个人叫弈秋，是全国有名的下棋能手。他的棋艺十分精湛，无人能比。

有两个年轻人听说了，就千里迢迢地来拜弈秋为师。这两个年轻人的聪明才智不相上下，但是学习下棋的态度却截然不同。其中一个人在学习的时候总是专心致志、聚精会神，能够按照弈秋的教导去做，并且能用心领会；而另一个人却总是心不在焉。每当老师讲解棋艺的时候，他就在心里盘算：如果天空有大雁飞过，应该怎样把它射下来？射下来之后应该是煮着吃还是烤着吃呢？

虽然他们跟随同一个老师学习，但学习的效果却大相径庭。一年以后，用心学习的那个人成了弈秋的传人；而总是心不在焉的那个人始终一事无成。

【慧言箴语】

学习时，专心致志、聚精会神，才能学有所成；若心猿意马、三心二意，即使有再好的老师教也会一无所得。

知识链接

围棋大约起源于春秋战国时期，称为"弈"，或称"手谈"。纵横各十九线布于棋盘，共三百六十一个交叉点，有无穷般变化。

态度决定命运

　　态度是一个人对待事情的方式和思考立场。著名的哲学家皮尔说："我们眼前的任何事实都不如我们对它所持的态度那样重要，因为那会决定我们的成功或失败。"

　　态度是个奇妙的东西，会产生神奇的力量。乐观，能使我们信心满满、热情洋溢；积极进取，能让我们永不倦怠地执着于自己的梦想；知足常乐，能使我们懂得享受生活中的美好和快乐……

　　人生充满了无数的挫折、坎坷、磨难，用积极向上、乐观自信的态度去面对它，才能击倒它！

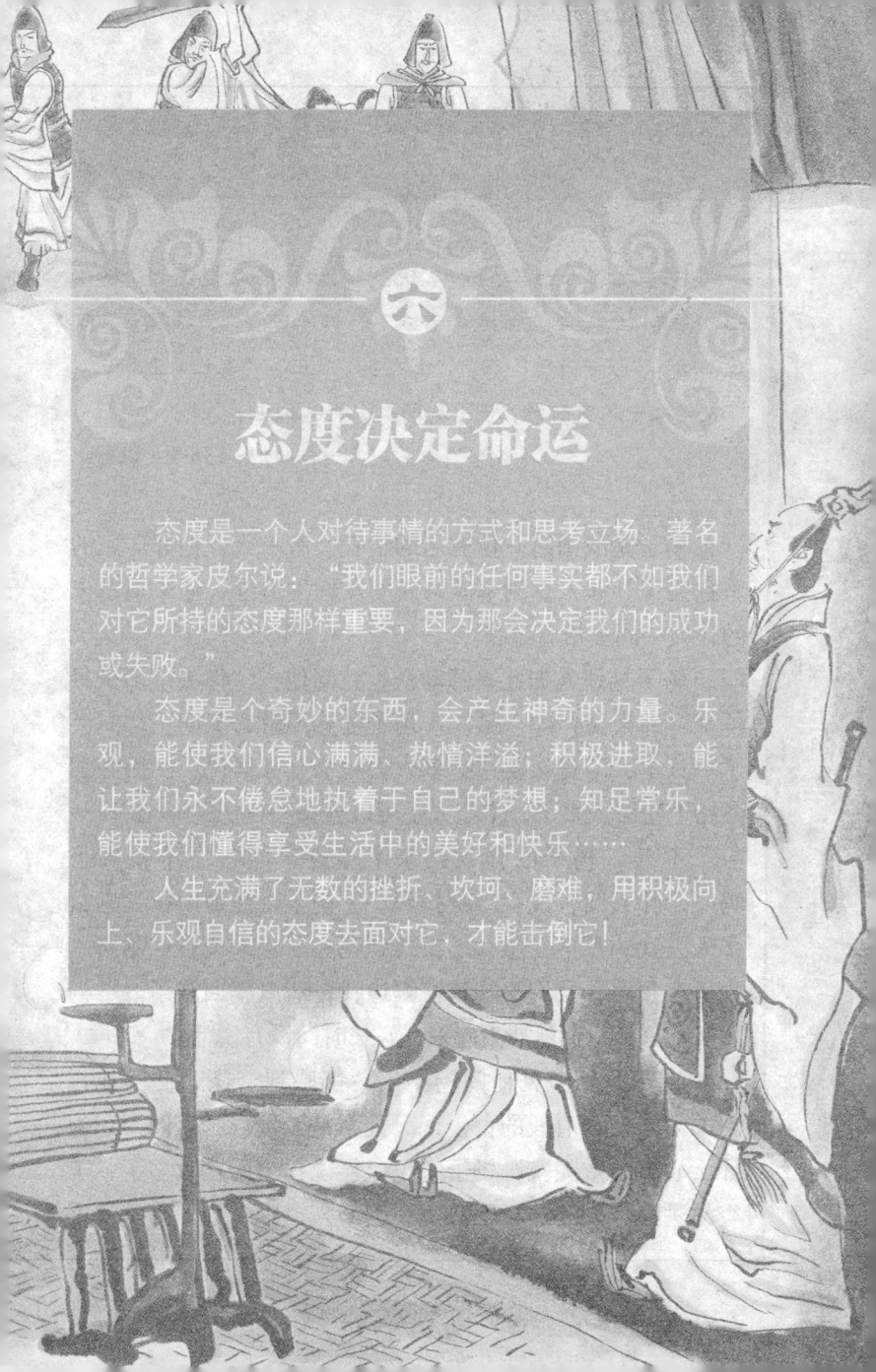

· 歧路亡羊 ·

杨子之邻人亡羊，既率其党，又请杨子之竖追之。杨子曰："嘻！亡一羊，何追之者众？"邻人曰："多歧路。"既反，问："获羊乎？"曰："亡之矣。"曰："奚亡之？"曰："歧路之中又有歧焉，吾不知所之，所以反也。"

——列子《列子·说符》

　　杨子是战国时一位有名的学者。有一天，他邻居家的羊跑丢了。邻人立刻率领亲戚朋友们去追寻，还来请杨朱的仆人一同去帮着寻找。

　　杨子见邻人如此兴师动众，就问他："你丢了多少只羊？"邻人说："一只。"杨子疑惑不解，又问："只丢了一只羊，为什么要这么多人去找？"邻居说："因为那条路上岔路太多了，多些人手可以分头去找。"

　　不久，杨子的仆人回来了。杨子问："羊找到了吗？"仆人回答说："没找到。"杨子奇怪地问："这么多人去找一只羊，怎么还没找到呢？"仆人说："岔路之中还有岔路，我们不知道往哪边找，所以就回来了。"杨子听了这话，突然严肃起来，好长时间没有说话。

　　杨子的学生见他闷闷不乐，都感到奇怪，便问他："羊不是什么值钱的畜生，况且不是先生自己家的，您为什么心事重重呢？"杨子叹了口气说："岔路太多了，羊容易逃失；人又何尝不是呢？读书人也常常会因为学说不一致，而一时找不到真理，误入歧途，无功而返啊！"

　　《列子》的主旨是万物产生于无形、变化不定，任何事物都不是完美的，包括天地及圣人，因此人要学会掌握并利用自然规律。

　　事物是复杂多变的，我们在面对人生的选择时一定要明确方向，只有这样才能找到正确的道路。

· 买椟还珠 ·

　　楚人有卖其珠于郑者，为木兰之柜，熏以桂椒，缀以珠玉，饰以玫瑰，辑以羽翠。郑人买其椟而还其珠。

——韩非《韩非子·外储说左上》

从前有一个楚国人，有一颗很值钱的珍珠，想把珍珠卖掉。为了卖个好价钱，他打算给珍珠做个精美的包装。

这个楚国人找来名贵的木兰，又请来手艺高超的匠人，做了一个十分华美的珍珠盒子。匠人在盒子上雕刻了许多美丽的花纹，还镶上了金属花边，看上去简直就是一个精致美观的工艺品，最后还用香料把盒子熏得香气扑鼻。一切都弄好了，楚人将珍珠小心翼翼地放进了盒子里，拿着到集市上去卖。

到了集市上不久，人们就被楚人这个漂亮的盒子吸引，纷纷前来观看。有一个郑国人也挤进了人群。他将盒子拿在手里看了半天，最后出了很高的价钱将盒子买了下来。

郑人拿着精美的盒子，一边走一边欣赏着。可是没走几步他又回来了。楚人以为郑人后悔了要退货，刚想逃，郑人就已走到他面前了。出乎意料的是，郑人并没有要求退货，而是把珍珠从盒子里取出来，送到楚人手里说："这颗珍珠还给你吧，我只想要盒子。"说完，他拿着盒子满意地走了。

楚人看着手里的珍珠，哭笑不得。郑人所看重的竟然是那个不值钱的盒子，而实际上珍珠才是可贵的。

【慧言箴语】┈┈┈┈┈┈┈┈┈┈┈┈┈┈┈┈┈┈┈┈┈┈┈┈

故事讽刺了那些目光短浅、缺乏鉴别力，只重外表、不重实质，取舍不当、舍本逐末的人。

鲁人有好钓者，以桂为饵，锻黄金之钩，错以银碧，垂翡翠之纶。其持竿处位则是，然其得鱼不几矣。

——阙子《阙子》

在春秋时代的鲁国，有个人非常喜欢钓鱼。于是，他在自己的钓具和饵料上花了很多工夫：他用名贵的香料肉桂当鱼饵，鱼钩也用黄金来打造，还在鱼钩上镶嵌了白银丝线和青绿色的美玉，甚至把珍贵的翡翠鸟的羽毛挂在钓鱼绳上作装饰。

每当钓鱼的时候，他都选择一个很好的位置，用极其标准规范的姿势持钓竿，正襟危坐。可是尽管如此，他钓到的鱼却很少，有时甚至会空手而返。

【名家典籍】

阙子为战国后期纵横家，其所著的《阙子》一书在《汉

书·艺文志》中被列为纵横家类。

做事情如果只将注意力放在外在的形式上，过分追求表面，而忽视其实际效用，是很难有所成就的。

·卫人教女·

卫人嫁其子而教之曰："必私积聚，为人妇而出，常也，其成居，幸也。"其子因私积聚，其姑以为私而出之。其子所以反者倍其所以嫁。其父不自罪于教子非也，而自知其益富。今人臣之处官者皆是类也。

——韩非《韩非子·说林上》

春秋时期，卫国有个很爱财的人。他经常教导自己的女儿说："钱是最有用的东西，有了钱什么事情都能办。俗话说：有钱能使鬼推磨。"

转眼间，女儿到了出嫁的年龄。出嫁的前一天，他嘱咐女儿说："嫁到婆家后，一定要多个心眼儿，私下攒些钱。给人当媳妇，被休回家是常有的事，要给自己留后路。"女儿认为父亲的话都是为自己好，于是谨遵父亲教诲，刚嫁到婆家没几天，就暗地里拼命地攒了很多私房钱。婆婆发现后，认为这个媳妇私心太重，就让儿子把她休了。

卫人的女儿回到了娘家。父亲一见她带回了很多钱，就说："我说的没错吧，多亏你聪明，事先有准备，不然就什么也得不着了。"

这个卫人不但不检讨自己的言行，反而夸奖自己的女儿聪明。其实，他的女儿之所以被休，就是他教育不当的结果啊！

【慧言箴语】::

一个人如果没有正确的价值观，就不会有正确的态度和行为，就会分辨不出什么是好的，应该做；什么是不好的，不应该做。

知识链接

古代对年龄的称谓有：

豆蔻年华：指女子十三四岁。束发：指男子十五至二十岁。弱冠：指男子二十岁。而立之年：指三十岁。不惑之年：指四十岁。知命之年：指五十岁。花甲之年：指六十岁。古稀之年：指七十岁。耄耋之年：指八九十岁。期颐之年：指一百岁。

· 割肉自啖 ·

齐之好勇者，其一人居东郭，一人居西郭，卒然相遇于途，曰："姑相饮乎！"觞数行，曰："姑求肉乎？"一人曰："子，肉也；我，肉也。尚胡革求肉而为？"于是具染而已，因抽刀而相啖，至死而止。勇若此，不若无勇。

——吕不韦《吕氏春秋》

战国时期，在齐国的一个无名小镇上住着两个自诩为很勇敢的人。他们一个住在城东，一个住在城西。

有一天，这两个人在路上相遇了，一个说："咱们难得碰到一起，去酒店喝几杯吧。"另一个答应了。于是，他们来到一家酒店喝酒。这两个人喝着喝着，觉得有酒无肉很没意思。其中一个说："老兄，我这就到菜市场买几斤肉来。等我回来咱们接着喝。"另一个说："我看不用到菜市场去买了。既然你我都是最勇敢、最不怕死的人，身上又都长着肉，何不从自己身上割肉来下酒？"

两人为了表现自己的勇敢就争着要割自己的肉，争了一会儿就各自抽出刀，在自己的大腿上割下一大块肉来，把血淋淋的肉放在酱盆里蘸一下，然后送到嘴里咽了下去。

就这样，他们一边大碗喝着酒，一边大块割着自己的肉，鲜血直流。没多久，这两个号称最勇敢的人就都由于失血过多而死了。

【慧言箴语】

勇敢本来是优秀的品质，可是逞能并不是勇敢，为逞勇斗狠而做出过激的行为，是愚蠢而可悲的。

昔齐人有欲金者，清旦衣冠而之市，适鬻金者之所，因攫其金而去。吏捕得之，问曰："人皆在焉，子攫人之金何？"对曰："取金之时，不见人，徒见金。"

——列子《列子·说符》

从前有个齐国人，非常贪婪、爱财，整日做着发财梦，幻想能一下子得到许多金子。

一天早晨，他穿戴整齐后，就到集市上游荡。他一边闲逛一边盘算着如何能得到一些金子。走着走着，突然他眼睛一亮，原来是看到前方有家金店。他快步走了进去。

一见到那些令他朝思暮想的金光闪闪的金子，他就再也抑制不住发财的欲望了。虽然店主就站在他的身旁，可他毫不顾忌，伸手抓了一块金子，撒腿就跑。店主忙大叫捉贼。这时，几个巡吏跑来，毫不费力就把这个齐国人给抓住了。

巡吏审问他："光天化日之下，你怎么敢当着店主的

面偷金子呢？"他战战兢兢地回答说："我拿金子的时候只看见了金子，没看见人。"

【慧言箴语】∶∶∶

　　一个人如果财迷心窍，利欲熏心，就会丧失理智，做出蠢事，因为人的想法和他的行为是分不开的。

·窃疾·

　　子墨子曰："今有一人于此，羊牛犓豢，见人之作饼，则还然窃之，其有窃疾乎？"鲁阳文君曰："有窃疾也。"子墨子曰："楚四竟之田，旷芜而不可胜辟，见宋、郑之闲邑，则还然窃之，此与彼异乎？"

——墨子《墨子·耕柱》

　　鲁国国君鲁阳文君总是野心勃勃，想侵占宋、郑这样的小国。一天，墨子来拜见鲁阳文君，对他说："有这么一个富人，他有满圈的羊牛等牲畜，有吃不完的肉。可他一看见穷人做饼，就手疾眼快地把它偷来，说：'施舍给我一些食物。'这个人的做法，究竟是因为欲望得不到满足呢，还是生来就有偷窃的毛病呢？"

　　鲁阳文君肯定地说："他一定是有偷窃的毛病。"

　　墨子接着说："楚国境内，荒芜着的土地多得开垦不完，管理川泽山林的官员有几千人，东西也多得用不完。

可是楚国人看见宋、郑等小国的空城，就顺手夺取过来，这跟那个偷饼的人有什么不同呢？"

鲁阳文君说："他们的行为是一样的，实际上都有偷窃的毛病。"

【名家典籍】

墨子，名翟，战国时期著名的思想家。他曾提出"兼爱""非攻"等观点，是中国墨家学派的创始人。

【慧言箴语】

这则寓言抨击了那些贪得无厌、以侵占他人利益为乐的人。

· 杞人忧天 ·

杞国有人忧天地崩坠，身亡所寄，废寝食者。又有忧彼之所忧者，因注晓之，曰："天积气耳、亡处亡气，若屈伸呼吸，终日在天中行止，奈何忧崩坠乎？"其人曰："天果积气，日月星宿不当坠邪？”

——列子《列子·天瑞》

从前，杞国有一个人，总是胡思乱想、疑神疑鬼。

有一天，杞人吃过晚饭以后，拿了一把大蒲扇，坐在自家的院子里乘凉。突然他抬头看了看天，自言自语地说："如果有一天，天塌下来了，该怎么办呢？那样的话就会把地砸陷，我们不就没有安身的地方了吗？说不定还会被活活压死。"他越想越担心，越想越害怕，竟急出了一头大汗。

从此以后，他就每天为这个问题烦闷，忧心忡忡，茶不思、饭不想。他的一个朋友见他精神恍惚，就开导他说："你根本就不用为这件事自寻烦恼。天是一团积聚的气体，上下四方到处都有。人每天都在这样的气体里活动，呼吸的就是这种气。它怎么可能塌下来呢？"

杞人又不放心地问："那星星和月亮会不会掉下来啊？"朋友回答说："当然也不会了。它们只不过是会发光的气体，即便掉下来也伤不到人。"

听了朋友的话，他放心了很多。可过了一会儿，杞人又像想起了什么似的，问："那地呢，地要是陷下去了怎么办呢？"朋友说："地是由土块堆积起来的，到处都是这样的土地。它是不会陷落的。"杞人心里的石头这才落地，脸上露出了笑容。

【慧言箴语】

人要胸怀大志，着眼实际，不要为一些毫无根据的猜想而郁郁寡欢、患得患失。

· 随珠弹雀 ·

今且有人于此，以随侯之珠，弹千仞之雀，世必笑之。是何也？以其所用者重，而所要者轻也。

——庄子《庄子·让王》

随珠是古时候非常珍贵的一种宝珠，很稀有，无论谁有幸得到，都会十分珍惜。

可是有这么一个人，很喜欢打鸟，竟然不惜用随珠作弹丸。一次，他看见高空中飞过一只麻雀，便急忙掏出弹弓瞄准，射出了一颗随珠。随珠虽射出去了，可麻雀却没打中。人们看见了，都嘲笑他愚蠢。他却不以为然地说："真是少见多怪！我喜欢的是鸟，何必在乎用什么当作弹丸呢？"

【慧言箴语】

无论做什么事，都要讲究得失轻重，如果不能正确估计事物的价值，将得不偿失。

· 曹商舐痔 ·

一日，曹商过境，得车百乘，见庄子曰："夫处穷闾阸巷，困窘织屦，槁项黄馘者，商之所短也；一悟万乘之主而从车百乘者，商之所长也。"庄子曰："秦王有病召医：破痈溃痤者得车一乘，舐痔者得车五乘，所治愈下，得车愈多。"

——庄子《庄子·列御寇》

宋国有个叫曹商的人，奉宋王之命，出使秦国。在他离开宋国之前，宋王给了他几辆马车。曹商来到秦国后，对秦王百般奉承，千般恭维，博得了秦王的欢心。于是秦王赏给了他一百辆马车。不久，曹商带着这一百辆马车得意扬扬地回到了宋国，见人就炫耀。

有一天，曹商在路上见到了庄子。于是，他又在庄子面前炫耀起来，说："你长年居住在偏僻简陋的小巷子里，穷困潦倒，靠编织破草鞋维持生计，偶尔缺衣少食还自得其乐。从这点上来说，我不如你；但我能凭着三寸不烂之舌，赢得秦王的赏识，还得到了一百辆马车的赏赐。这个本事你就不如我了。"

庄子对曹商这种小人极为反感，就不屑一顾地回敬道："我听说秦王在生病的时候，各处召集名医。凡是能治好秦王的痈疖的，赏车一辆；愿意为秦王舐痔的，赏车五辆。所治疗的部位越低下，所得的赏赐也越多。我想，你一定是用舌头舐过秦王的痔疮，才得到这么多赏赐的吧？像你这么不知廉耻的人，不配跟我说话，快走开吧！"

【名家典籍】

庄子是个能言善辩的人，擅长用寓言和小故事的形式表达自己的哲学观点，嘲讽那些追逐名利的小人。

寓言讽刺了那些为追逐名利和财富，不惜以丧失尊严为代价的，没有廉耻之心的人。

·吴王射猴·

吴王浮于江，登乎狙之山，众狙见之，恂然弃而走，逃于深蓁。有一狙焉，委蛇攫搔，见巧乎王。王射之，敏给搏捷矢。王命相者趋射之，狙执死。

——庄子《庄子·杂篇》

从前有一座山，山上树木繁茂，风景秀丽，满山遍野

都是野果，因为有很多猴子生活在那里而得名猴山。

一次，吴王乘船在江上游玩。他看到了猴山后，被这美好的景色迷住了，命随从在猴山脚下泊船，在随从的陪同下登山游览。

猴子们见这么多人向山上走来，都吓得惊慌失措，四下逃窜，躲进荆棘深处不敢出来。只有一只猴从容自得地待在原地，还时不时地抓耳挠腮，手舞足蹈，故意在吴王面前卖弄它的灵巧。

吴王拉开弓，用箭射它。这只猴子敏捷地抓住了射来的箭，便更加骄傲了。吴王有些气恼，命令随从们一起拉弓射这只猴子。这么多箭一起射过去，猴子招架不住，当即被射死了。

吴王对他的随从们说："这个猴子，倚仗自己灵巧，就过分卖弄自己，最终丢掉了性命。你们一定要引以为戒，千万不要恃才傲物啊！"

【慧言箴语】

本领不可夸，智慧不可耀，如果锋芒毕露，毫无节制地表现自己，很可能招来祸患。因此，一定要韬光养晦。

·实心葫芦·

齐有居士田仲者，宋人屈谷见之，曰："谷闻先生之义，不恃仰人而食，今谷有巨瓠，坚如石，厚而无窍，献之先生。"仲曰："夫瓠所贵者，谓其可以盛也。今厚而无窍，则不可剖以盛物；而坚如石，则不可以剖而斟，吾无以瓠为也。"

——韩非《韩非子·外储说左上》

春秋时期，齐国有个名叫田仲的隐士。他淡泊名利，品德高尚。楚王听说这个人以后，认为他是个贤才，想请他当卿相，辅佐自己治理国家。于是楚王派人带上重金，请他出山，可是却被田仲拒绝了。

宋国人屈谷听说这件事后，来到田仲隐居之地拜访他。屈谷说："我听说先生远离人世，高风亮节，不依靠别人生活，十分钦佩。我带来一个大葫芦，坚硬如石，皮厚而中心没有空洞，想把它送给您。"田仲说："葫芦之所以可贵，是因为它可以盛放东西。而你的葫芦是实心的，不能盛物；又坚硬如石，难以剖开。这个葫芦没有任何用处啊！"屈谷说："您说得很对，这个葫芦确实没用，我应该把它丢弃。您不依赖他人而食，也不为国家做事，对国家是没有益处的人，不也是实心葫芦之类吗？"田仲听了屈谷的话，无言以对。

【慧言箴语】

一个人自食其力，无可厚非；但是如果徒有虚名而不务实，于国于民毫无益处，也就失去做人的意义了。

长梧封人问子牢曰:"君为政焉勿卤莽,治民焉勿灭裂。昔予为禾,耕而卤莽之,则其实亦卤莽而报予;芸而灭裂之,其实亦灭裂而报予,予来年变齐,深其耕而熟耰之,其禾繁以滋,予终年厌飧。"

——庄子《庄子·则阳》

战国时期,长梧有个封疆官吏,被当地的百姓称为封人。一天,封人碰到了孔子的学生子牢。封人知道子牢是个很有见解的人,就与他探讨起了治理地方、管理长梧的方法。

封人说:"我认为处理政务绝不能鲁莽,管理百姓更不可粗暴;一定要了解真正的情况,才能对症下药。"子牢听了点了点头。接着,他们又从治理之道谈到了种田之道。

封人说:"我曾种过庄稼。那时,我耕地总是马虎应付,一点儿也不用心,庄稼长势很差。锄草时,我也总是粗心大意,不是锄断了苗根,就是锄坏了枝叶。到了秋季,那些认真种庄稼的人都五谷丰登,我却收成无几。"

听了封人的话,子牢很关心地问:"那你后来怎么办了呢?"

封人说:"后来我总结了自己种田的教训。第二年时,我深耕细作、认真除草、悉心照管庄稼,不再粗枝大叶地应付了事,结果收成很好,一整年都丰衣足食。"

封人又接着说："从种田的失败和成功中，我悟出了一个道理，那就是贵在认真。不仅种田如此，做其他的事情也是一样。"

子牢回去后，常常拿封人的事教育别人。

【名家典籍】

《庄子》一书在哲学、文学上都有较高的研究价值，《齐物论》《养生主》等是其中十分有名的篇目。

【慧言箴语】

认真的态度是做好事情的前提和保证。一分耕耘，一分收获，只有认真负责，并通过艰苦细致的劳动才能达到理想的效果。

· 蜗角之战 ·

戴晋人曰："有所谓蜗者，君知之乎？"曰："有国于蜗之左角者，曰触氏，有国于蜗之右角者，曰蛮氏，时相与争地而战，伏尸数万，逐北旬有五日而后反。"君曰："噫，其虚言与？"

——庄子《庄子·则阳》

战国时期，魏国、齐国曾结盟，约定共同扩张领土，平分天下。可不久，齐国就违背了诺言。魏国的公孙衍向魏王请战说："请让我率军讨伐齐国，俘虏它的人民，缴获它的牛马，攻下它的都城，活捉齐王，替您解气。"魏王当即召集军队，准备伐齐。

贤士戴晋人听说了这件事，前来觐见魏王。他首先给魏王讲了一个蜗角之战的故事：

从前，在蜗牛的两只角上分别有两个国家，左角是触氏国，右角是蛮氏国。两国为争夺地盘，经常争战。每次争战后，两国都会尸横遍野，死伤无数。败方拼命逃命，胜方则乘胜追击。

魏王听完，说："这是你编出来的吧？"戴晋人说："请让我证明这些话。在您的想象中，宇宙有边界吗？"魏王说："宇宙无穷无尽，没有边界。"戴晋人说："如此说来，您的想象总是驰骋在无边的宇宙中。可在现实中，您的视野却只限于四海九州。现实的有限与想象的无穷相比，难道不是太微小了吗？而魏国和齐国，不就是蜗牛头上的两个角吗？如果魏、齐二国无休止地争战，那么跟触氏与蛮氏之间的战争有何区别呢？"魏王感叹地说："你说得对啊！"最终，魏王放弃了讨伐齐国的计划。

【名家典籍】••••••••••••••••••••••••••••••••••••

庄子是个廉洁、正直的人，主张修身养性、清静无为。他还是一个愤世嫉俗的人，对当时的世态充满了悲愤与绝望。

【慧言箴语】••••••••••••••••••••••••••••••••••••

人与浩瀚的宇宙相比，极其渺小，没有任何事情是值得耿耿于怀的，又何必互相争夺、互相冲突呢？

·余桃啖君·

昔者弥子瑕有宠于卫君。卫国之法，窃驾君车者罪刖。弥子瑕母病，人间往夜告弥子，弥子矫驾君车以出，君闻而贤之曰："孝哉，为母之故，忘其刖罪。"异日，与君游于果园，食桃而甘，不尽，以其半啖君。

——韩非《韩非子·说难》

  战国时期，卫国有道法律：谁偷坐了国君的马车，就要被砍去双脚。

  卫国有个叫弥子瑕的大臣，很受卫王宠信。一天深夜，弥子瑕乡下的亲戚跑来告诉他，说他的母亲病危，叫他回去一趟。情急之下，弥子瑕偷来了卫王的马车，连夜赶回了乡下。

  第二天，群臣知道这件事后，都以为弥子瑕的双脚一定保不住了。不料，卫王得知此事后，不但没有生气，反而称赞弥子瑕："真是孝子啊！为了母亲，他竟然不在乎自己会被砍脚。"最终，卫王没有治他的罪。

  又有一次，弥子瑕和一些大臣陪卫王到果园散步。园子里的桃树上结满了又大又红的桃子。弥子瑕想摘个桃子献给卫王，就爬上桃树摘了一个最大的。谁知，他摘下桃子，自己先咬了几口后，才把桃子送给卫王。大臣们以为弥子瑕把吃剩的桃子给卫王，一定会惹得卫王大发雷霆。可卫王却高兴地接过桃子，津津有味地吃了起来，还称赞道："弥子瑕真是一心为我啊，自己先尝过桃子甜不甜，才给我吃。"

几年后，弥子瑕失宠于卫王了。一次，弥子瑕不小心得罪了卫王。卫王勃然大怒，翻出陈年旧账，说："当初你偷驾我的马车，目中无人；又让我吃你的剩桃，借此侮辱我，该当何罪？"

其实，弥子瑕的行为并没有改变；而他以前被卫王认为是贤惠，后来却因此而获罪，是因为卫王的爱憎观改变了。

【慧言箴语】

卫王对弥子瑕采取了前后截然相反的态度，是因为他没有从实际出发，而单以个人好恶来判断是非。

给思维一个智慧的高度

　　智慧是人生最宝贵的财富。一个拥有大智慧的人，能在身陷困境时不惊慌、不妥协，从容应付；能在面临危险时不惧怕、不放弃，机智化解；能在面对强大而凶狠的敌人时不鲁莽、不强攻，以智取胜；能在面对棘手难题时不偏激、不固执，另辟蹊径。一个人如果没有足够的智慧，即使身体再强壮、动作再灵活，也不可避免失败的厄运。

　　用聪明的头脑指挥你的思维，用独特的思维决定你的出路，时刻拥有人生的大智慧，你将赢得一次次的成功！

宋元君夜半而梦人被发窥阿门，曰："予自宰路之渊，予为清江使河伯之所，渔者余且得予。"元君觉，使人占之，曰："有"。君曰："令余且会朝。"明日，余且朝。君曰："渔何得？"对曰："且之网得白龟焉，其圆五尺。"。

——庄子《庄子·外物》

有一只神龟被一个打鱼人捉住了，就托梦给宋国国王宋元君。夜间，宋元君梦见了一个披头散发的人在门口探头探脑地向里窥视，并说："我住在一个名叫宰路的深潭里。我在替清江水神出使河伯居所时，被一个叫余且的渔夫捉住了。"

宋元君早上醒来，找人占梦。占卜人说："这是一只神龟给大王托的梦。"宋元君问左右的人说："有没有一个叫余且的渔夫？"左右回答说："有。"于是，宋元君命令手下人找来余且。

余且来见宋元君。元君问他："你打鱼时捕捞到了什么？"余且说："我捕到了一只大白龟，龟的背围足足有五尺长。"宋元君命令余且将龟献上。余且不敢抗命，只得将捉到的白龟献了出来。

宋元君得到神龟后，不知该怎么处置，最后只好请占卜人来做决断。占卜的结果是："如果杀掉这只龟，用它来占卜，一定大吉。"于是，宋元君命人将神龟杀死，剖空了它的肠肚，用龟壳进行占卜，结果一共卜了72次，竟然次次都灵验。

孔子对这件事深有感慨地说："这只神龟有托梦给宋元君的本事，却没有逃脱余且之网的本事。它的智慧能达到72次占卜次次灵验的境地，却不能避免自己被开肠剖肚的灾祸。"

【慧言箴语】

有的时候，聪明也有受局限的地方，智慧也有照应不到的事情。

·宋之富贾·

宋之富贾有监止者，与人争买百金之璞玉，因佯失而毁之，负其百金，而理其毁瑕，得千镒焉。

——韩非《韩非子·说林下》

宋国有个叫监止子的商人，很有经济头脑。

有一次，有人在大街上拍卖一块玉石。监止子见那玉石晶莹剔透，以他多年的经商经验判断，那是一块上等玉石。于是，他也加入到了竞买的行列。可是参与竞买的人都很有钱，他认为自己得到玉石的概率很小。于是他动了动脑筋，想到了一个好办法。他从拍卖人的手中拿过玉石观看，假装不慎失手，将玉石掉在地上摔成了两半。

众人见玉石碎了，都惋惜不已，谁也不肯出钱买了，而这正合了监止子的心意。他照价赔偿了一百金后，把碎玉石拿回了家。回去后，他精心雕琢，得到了一块光彩熠熠的宝玉，赚得了千镒，是他当时赔偿价格的十倍。

韩非重要的著作有《孤愤》《解老》《喻老》《势难》《说难》《定法》《五蠹》《显学》等。

有的时候，要想胜，须先败，败正是为了取胜。但要在胜败之间稳操胜券，必须有败中见胜的眼光、以败求胜的权谋和败中取胜的智慧。

·拔苗助长·

宋人有闵其苗之不长而揠之者，芒芒然归，谓其人曰："今日病矣！予助苗长矣。"其子趋而注视之，苗则槁矣。天下之不助苗长者寡矣。以为无益而舍之者，不耘苗者也；助之长者，揠苗者也。非徒无益，而又害之。

——孟子《孟子·公孙丑上》

战国时期，宋国有个农夫，以种田为生。又一年的春天来了，农夫辛勤地播种撒肥，种了一大片田。这个农夫是个急性子，刚播完种就三天两头地去地里看。

庄稼慢慢长大了。有一天，农夫去田里锄草，锄累了，就坐在田埂上休息起来。他坐下以后，往周围一看才发现，自己家的秧苗要比别人家的矮一截。他想：我怎么才能让我的秧苗和别人家的一样高呢？左思右想，他也没想到什么好主意，就垂头丧气地回家去了。为此，他愁得睡不好觉，吃不下饭。

第二天，他又扛着锄头来到田里锄草，忽然冒出了一个想法：把秧苗往上拔一拔不就变高了吗？说干就干，他把锄头扔在一边，弯腰一棵棵地拔起了秧苗，从这头拔到那头。炎热的太阳晒得他大汗直流，他都顾不上擦，继续埋头拔苗。干了整整一天，所有的秧苗都在他的帮助下"长高"了。

晚上他回家后，一看到妻子就兴奋地说："今天我真是累坏了！不过我可干了一件好事。我把田里的庄稼都拔高了。它们一下子就长高了很多，现在谁家的秧苗都比不上咱们家的高了！"妻子听了大吃一惊，连话也顾不上说，就往田里跑。妻子来到田里一看，庄稼已经全都枯死了。

【慧言箴语】

每个事物的发展都有自己的客观规律，人若不遵守这些规律，急功近利、急于求成，就只能失败。

· 畏影恶迹 ·

人有畏影恶迹而去走者，举足愈数而迹愈多，走愈疾而影不离身，自以为尚迟，疾走不休，绝力而死。不知处阴以休影，处静以息迹，愚亦甚矣！

——庄子《庄子·渔父》

有一个人，总是很讨厌自己的影子。他觉得走在路上时，有个黑影跟着自己很恐怖。瞧瞧地上，自己每走一步，就留下一个脚印。他看到这些脚印也十分害怕。为此，他总想摆脱自己的影子和脚印。

有一天，他走在路上时，又想甩掉自己的影子和脚印，就加快了脚步。当他路过朋友家时，已经累得满头大汗了，就干脆到朋友家里坐坐，歇歇脚。他刚推开朋友家的门，就发现影子不见了。他松了一口气，说："这下好了。"

朋友见他慌张的样子，以为出了什么事，就问他："你怎么了。"他不好意思说实话，就说："没什么，就是累了，来你这坐会儿。"他跟朋友聊了会儿天，休息了好半天，又见影子、脚印都没有了，就准备起身回家。

可他一走到路上，影子和脚印就又出现了，还像先前一样紧跟着自己。这下，他更害怕了，以为是自己走得慢，影子和脚印又追上来的缘故，就拼命奔跑起来。可是他跑得越快，影子也跟得越快，脚印也越来越多。他就这样跑着，到了家门口也不敢进去，怕把影子和脚印一并带回家去。他就这样一直这样跑个不停，最后累得筋疲力尽，倒地死去了。

其实，这个人不知道，只要在阴暗处停下来，就不会有影子；停下脚步，就不会有脚印。

【慧言箴语】

解决问题时，必须探究事情的根本。不抓根本而抓枝节，不但不能解决问题，反而会被问题压倒。

·烤肉治罪·

宰人顿首再拜请曰："臣有死罪三：援砺砥刀，利犹干将也，切肉，肉断而发不断，臣之罪一也；援木而贯脔而不见发，臣之罪二也；奉炽炉，炭火尽赤红，炙熟而发不烧，臣之三罪也。堂下得无微有疾臣者乎？"公曰："善！"

——韩非《韩非子·内储说下》

晋文公在位时，非常喜欢吃烤肉。

有一次，晋文公设宴。厨师专门为他烹制了一盘烤肉。晋文公拿起一块肉刚要吃，忽然发现烤肉上粘着一根头发。晋文公很生气，大声训斥厨师说："你存心谋害我吗？为什么烤肉上居然有一根头发？"

厨师一听，赶忙接过肉来仔细看了一下，然后跪下

连连叩拜说："我犯了三条死罪，请您处置。"晋文公问他："你自己说你都犯了什么死罪？"

厨师说："我用最好的磨刀石磨刀，把刀磨得比利剑还锋利，使它能切肉如泥，可是却没切断毛发，这是我的第一大罪过；我把肉块穿在木棍上仔细地翻烤，却没有发现毛发，这是我的第二大罪过；我在烈焰炙人的炭火上烤肉，把肉烤得油光可鉴、香味扑鼻，可是却没把肉上的毛发烤焦，这是我的第三大罪过。您是一位明察秋毫的圣明君主，我请求您盘查一下堂下的臣仆，看看其中是否有人想陷害我。"

晋文公听了厨师入情入理的分析后，明白了此事不是他所为，一定另有其人。于是立即召集属下进行追问，果然找出了那个在烤肉上放头发的人。他栽赃厨师，是为了取代厨师的地位。

【慧言箴语】

厨师面对晋文公的质问，没有急于为自己辩解；而是先承认下来，再进行分析，最后达到了不辩自明的效果。由此可见，只有掌握了科学的思维方法，才能在错综复杂的事物面前立于不败之地。

· 自相矛盾 ·

楚人有鬻盾与矛者，誉之曰："吾盾之坚，物莫能陷也。"又誉其矛曰:"吾矛之利,于物无不陷也。"或曰:"以子之矛陷于之盾,何如?"其人弗能应也。

——韩非《韩非子·难一》

矛和盾是古时候作战用的两种武器。矛是用来进攻的;而盾则恰恰相反,是用来防守的。

春秋时期,战事频繁,武器奇缺。有很多人利用这个机会制造武器来卖,从中渔利。一天,有个楚国人拿着一个矛和一个盾到集市上卖,吆喝了半天也没人理会。他很着急,一看别的小贩周围都被围得水泄不通。原来,他们都当众大肆夸赞自己的东西。于是,他为了招揽顾客,也学着人家的样子,夸耀起自己的矛和盾来。

他清了清嗓子,首先举起了手中的盾,向着过往的行人吹嘘道:"各位请停下脚步,瞧瞧我手上的这块盾。这可是用最好的材料锻造而成的呀,质地坚固,任凭您用多么锋利的矛也戳不穿它!再不来买就没有了!"他说完这番话后,果然有很多人争着看他的盾,一边看还一边品评着。

这个楚人见自己的夸耀奏效了,就赶忙拿起了地上的矛,继续夸口:"诸位,再请看我手上的这根长矛。矛头再锋利不过了,不论如何坚固的盾,也抵挡不了我的矛!"

听了他的话,人群中站出一个人,大声问道:"你刚才说你的盾坚固无比,无论什么矛都不能戳穿;而你现在又说你的矛锋利无比,无论什么盾都不能抵挡。如果我用你的矛来戳你的盾,结果会怎样呢?"楚人听完,涨红着脸,无言以对。众人哄然大笑,纷纷散去了。

说话、办事要实事求是，如果言过其实，前后自相抵触，只能为人们所耻笑。

·玉器和瓦罐·

对曰："夫瓦器，至贱也，不漏，可以盛酒。虽有乎千金之玉卮，至贵而无当，漏不可盛水，则人孰注浆哉？今为人之主而漏其群臣之语，是犹无当之玉卮也。虽有圣智，莫尽其术，为其漏也。"

——韩非《韩非子·外储说右上》

战国时期，韩国的君主韩昭侯平时说话很不注意，总在无意间将一些军事机密泄露出去。因为他的疏忽，很多周密的计划都不能实施。大臣们对此很伤脑筋，又不好直接告诉他。

有一位叫堂谿公的大臣，很有智谋。一天，他来拜见韩昭侯，对韩昭侯说："假如有一只玉做的酒器，价值千金；可是它没有底，能盛酒吗？"韩昭侯笑着说："当然不能了。"

堂谿公又说："另有一只瓦罐子，很不值钱；但它不漏，能用来盛酒吗？"韩昭侯说："可以啊。"

堂谿公接着说："一个瓦罐子，虽然值不了几文钱，但因为它不漏，就可以用来装酒；而一个玉做的酒器，尽管它十分贵重，但它却因为空而无底，所以没有一点儿用处。"

见韩昭侯在注意倾听，堂谿公继续说道："人也是一样，如果一个地位至尊的国君，经常泄露国家机密的话，那么他就像那个没有底的玉器一样。一个人的计划，如果总是被泄露出去，那么即使他再有才干，也施展不出他的才干和谋略。"韩昭侯顿时恍然大悟，连连点头说："你的话很对。"

从此以后，韩昭侯说话的时候总是很谨慎，再也没有泄漏过重要的计划。

【慧言箴语】

有智慧的人总是善于从日常生活的小事中引出大的道理，达到劝说他人的目的。这样的方式，既让人比较容易接受，又能避免尴尬。

· 游水之道 ·

孔子从而问焉，曰："吾以子为鬼，察子则人也。请问：蹈水有道乎？"曰："亡，吾无道。吾始乎故，长乎性，成乎命。与齐俱入，与汩偕出，从水之道而不为私焉。此吾所以蹈之也。"

——庄子《庄子·达生》

有一次，孔子到吕梁游览。吕梁的瀑布似从天而降，溅起的水花直达40余里以外。瀑布下面是一条水流湍急的河，就连鼋鱼、鼍等都不敢在此游水。然而，孔子却发现有一个人在水中畅游。只见那人游了几百步远以后，露出水面，还披着头发边唱歌边游到了堤岸下。

孔子走上前，问他："我还以为你是个鬼呢，原来是人啊！你游水有什么诀窍吗？"那人说："我没有任何秘诀，只是开始时出于本性，成长中依照天性，有所成在于自然。我能顺着漩涡一直潜到水底，又能随着向上的涌流露出水面，完全顺着水势而不以自己的生死来左右自己的行为，这就是我游水的道理。"

孔子又问："开始出于本性，成长中依照天性，有所成在于自然是什么意思呢？"那人回答说："我出生在丘陵，就顺应这里的生活，即是开始出于本性；长在水边则去适应水边的生活，这就是成长中依照天性；不是故意这样做却自然而然地这样做了，就是顺应自然。"孔子听完，若有所思。

【慧言箴语】

聪明的人之所以有智慧，就在于他能找到生活中的规律并掌握规律，因此做什么事都会得心应手，并且能达到出神入化的境地。

·郑武公伐胡·

昔者郑武公欲伐胡，故先以其女妻胡君，以娱其意。因问於群臣："吾欲用兵，谁可伐者？"大夫关其思对曰："胡可伐。"武公怒而戮之，曰："胡，兄弟之国也。子言伐之，何也？"胡君闻之，以郑为亲己，遂不备郑。

春秋时期，郑国的西北面有一个很小的国家——胡国。这里土地肥沃，水草丰美，是个天然的好牧场。野心勃勃的郑武公早就对胡国垂涎三尺了。但是胡国虽然小，胡国人却个个高大勇猛，擅长骑马射箭，加上他们对郑国一直高度警惕，在边防的关口都派有重兵把守。因此，郑武公一时也不敢轻举妄动。

不久，老谋深算的郑武公终于想出了一个计策。他派了一位大臣，携带了很多贵重的礼物到胡国去求亲，说愿意把自己的女儿郑姬嫁给胡国国君，以此加强两国家之间的友好关系。

胡国国君见郑武公肯把亲生女儿嫁给他，很高兴，心想：一旦亲事成了，自己就是郑武公的女婿了，那么两国之间只会越修越好，是不可能发生战争的。于是，他欣然答应了这门亲事，甚至认为自己以前对郑国的提防是多余的。

郑武公把郑姬嫁到胡国时，排场十分奢华，仪式非常隆重。胡国国君见此情景，更放松了对郑国的警惕。

郑姬嫁到胡国不久，就讨得了胡国国君的欢心。郑姬则借机掌握了胡国的很多军事情况，并把消息秘密传出，报告给郑武公。郑姬出嫁时，郑武公特意安排了一大群美女陪嫁。这些美女，个个能歌善舞，整天给胡国将领们表演歌舞，陪酒嬉戏。日子一长，这些将领们都沉醉在声色犬马中，放松了军事操练。

郑武公知道了这些情况后，兴奋不已。有一天，他召集群臣，说："郑国现在实力增强了，但地少人多，必须扩张领土。你们认为哪个国家可以讨伐？"

　　有个叫关其思的大臣，跟随郑武公多年，早就知道郑武公有吞并胡国的心思，便直截了当地说："我看应该讨伐胡国。"

　　郑武公一听，故意装作大怒的样子，将桌子一拍，厉声斥责："大胆！胡国是我们的兄弟邻邦，又与我国联姻。你竟敢生出讨伐胡国的想法，这是有意挑拨离间！"说完，郑武公命人把关其思拉出去斩了。

　　这个消息很快就传到了胡国。胡国国君对郑国的诚意和友善深信不疑，于是干脆就不派兵把守边关了。

　　胡国国君不思进取，将士们也只知歌舞玩乐，没过多长时间，胡国腐朽堕落到了不堪一击的程度。郑武公见时机成熟了，就突然发兵讨伐。胡国毫无戒备，被一举消灭了。

【名家典籍】

　　《说难》是《韩非子》55篇中最重要的作品之一。说，读"shuì"，游说的意思。

【慧言箴语】

　　对待敌人要时刻保持高度的警惕，如果贪图小恩小惠，被假仁假义迷惑，就会思想麻痹、丧失斗志，从而给敌人以可乘之机。

解放自己的创造力

创造性思维是摆脱习惯定式来解决问题的思维方式。在面对难题时，不要墨守成规，给思维带上枷锁，而是要富有创新意识，破除迷信权威、经验主义等定势，积极上进，不怕失误、不怕失败地去进行新的尝试

善于把握机会，不断去思考，积极吸取经验，创造力就会毫不羞怯地继续延伸发展，成为你永不枯竭的财富。

张开想象的翅膀，打开思想的牢笼，你会发现，原来我们可以做得更好。正如米尔所说："世界上所有美好的事物都是创造力的果实。"

·郑人买履·

郑人有且置履者，先自度而置之其坐，至之市而忘操之。已得履，乃曰："吾忘持度。"反归取之。及反，市罢，遂不得履。人曰："何不试之以足？"曰："宁信度，无自信也。"

——韩非《韩非子·外储说左上》

有个郑国人见自己脚上的鞋十分破旧了，就准备买双新的。他在去买鞋之前，用一根线绳量好了脚的尺寸，然后随手把线绳放在了一边，结果出门时忘了拿。

一路上，他紧走慢走，走了十几里路才来到集市。到了集市上，他径直走进了一个鞋铺。掌柜的拿了几双鞋让他挑。他选了半天，选中了一双黑色的鞋。他想看看这鞋是否合适，就把手伸进衣兜里去找线绳，可摸了半天也没摸到，这才想到线绳忘了带来。于是，他放下鞋子，往家跑去。

他急急忙忙地回到家，拿了线绳又急急忙忙返回集市。尽管他一路小跑，可是路途实在太远，等赶到集市时，鞋铺已经关门了。他十分沮丧，站在那里嘟囔着："真倒霉，来回跑了这么远的路，却连双鞋也买不成。"

有个人见他站在那里迟迟没有离去，就问他发生了什么事。他把事情从头到尾说了一遍。那人问他："用你的脚试穿一下不就知道鞋的大小了吗？"他说："那可不成，量好的尺码才可靠，我的脚是不可靠的。"

《韩非子》宣扬了法、术、势相结合的法治理论，集先秦法家思想之大成，为秦统一六国提供了理论武器。

恪守教条、不知变通、不顾客观实际而墨守成规的人，常常会做出荒唐可笑的事来。

·刻舟求剑·

楚人有涉江者，其剑自舟中坠于水，遽契其舟曰："是吾剑之所从坠。"舟止，从其所契者入水求之。舟已行矣，而剑不行，求剑若此，不亦惑乎？

——吕不韦《吕氏春秋·察今》

战国时期，有一个楚国人，随身佩带着一把珍贵的宝剑。这是他家的祖传之物，剑刃锋利，削铁如泥。他对这把剑十分钟爱，一刻也不离身。

一次，他要出远门，在江边搭乘了一条船。上船之后，他闲来无事，就拔出宝剑把玩起来。由于风大浪急，船上下颠簸摇摆，他也随着摇晃起来，一不小心，宝剑掉进江里了。

诸子百家哲理寓言

一二九

船上的人都大叫："宝剑掉进水里了！"这个楚国人也急出了一身冷汗。他定了定神，并没有立即跳进河里捞剑，而是掏出一把小刀，在船舷上刻画起来。同船的人疑惑不解地问他："你这是在做什么？"他说："我在刻记号，我的剑就是从这里掉下去的。"人们听了，都催促他说："这个时候还刻什么记号啊，快下水捞剑吧！等船越走越远，剑就找不回来了。"楚国人自信地说："不用急，有记号怕什么呢？到时我自会找到宝剑的。"

不久，船靠岸了。这时，楚国人从自己刻记号的地方跳下水去找剑。可是他什么也没捞到。他失望极了，指着自己刻下的记号问周围的人："我的剑明明是从这个位置掉下去的，可我怎么找不到呢？"人们都大笑不止，告诉他："你的剑是在江中心掉下去的，你却到岸上来找，怎么能找得到呢？宝剑已经掉到了水里，是不会跟着船前进的。像你这样寻找宝剑简直太糊涂了。"

【慧言箴语】

遇到问题要因地制宜，随机应变，不可因循守旧、墨守成规，要以发展的眼光来看待和解决问题。

·楚人涉雍·

荆人欲袭宋，使人先表澭水。澭水暴益，荆人弗知，循表而夜涉。溺死者千余人，军惊而坏都舍。向其先表之时可导也，今水已变而益多矣，荆人尚犹循表而导之，此其所以败也。

——吕不韦《吕氏春秋·察今》

　　战国时期，楚国打算偷袭宋国，扩大领土。楚国决定在夜里行军，计划进军的线路是渡过滩河抄近路，以免打草惊蛇。

　　因为滩河是一条很深很宽的河，所以楚军考虑到夜里渡河比较危险，就先到滩河边测量好了水的深浅，并在水浅的地方设置了标记，以使军队沿着标记顺利渡河。不

料，在行军之前，灉河水突然大涨，而楚国人并不知道这个情况。楚军在渡灉河的时候，仍按照原来作的标记走。由于夜间看不清路，加上河水暴涨，楚军被湍急的灉河水搅得人仰马翻、惊骇不已。结果，大批士兵、马匹掉进深水和漩涡中，还没到达宋国，楚军就已淹死大半。损失这么惨重，楚国不得不放弃了进攻的计划。

楚国人在灉水里作下标记的时候，可以依照标记的引导涉水；但现在水位发生了变化，涨了很多，而楚国人却还按照原来的线路渡河，这就是他们失败的原因。

【慧言箴语】

情况是不断变化的，人的认识也要相应地发生变化。如果以静止不变的老眼光看待事情，不去适应新的情况，采取新的措施，结果必定失败。

·防龟手的药·

宋人有善为不龟手之药者，世世以洴澼絖为事事。客闻之，请买其方百金。聚族而谋之曰："我世世为洴澼絖，不过数金。今一朝而鬻技百金，请与之。"客得之，以说吴王。越有难，吴王使之将。冬，与越人水战，大败越人，裂地而封之。

——庄子《庄子·逍遥游》

宋国有一户人家，善于炼制一种能够防止皮肤冻裂的药膏。这家人世世代代以为人洗涤衣服为业，用上这个药膏，即便冬天在冰凉的河水里洗衣服，手也不会皲裂。于是他们也把药膏卖给其他的以洗衣为生的人，从中赚些微薄的收入，贴补家用。

有一天，一个吴人来到这里，听说宋人家有防止皮肤冻裂的药的秘方，就找上门去，愿出500两黄金购买那副药方。贫穷的宋人从未见过这么多钱，一时没了主意，就把全家聚到一起商量起来。父亲说："我在河边卖了几十年的药膏，也只挣了几个钱，如今只要把药方卖了，就能得到500两黄金，这可是一件好事啊！"大家经过议论，一致同意把药方卖出去。

吴人得到秘方以后，立即返回吴国，献给了吴王。不久，越国侵犯吴国。大军压境，吴王委任这个献药人统率大军。此时正值严冬，吴越两军又是在水上交战。吴军将士因涂抹了防止皮肤冻裂的药膏，手脚没有一处冻裂，得以从容作战，很快就击败了越军。大军凯旋后，吴王大喜过望，当即割出一块土地封赏了献药人。

同样是拥有不龟手之药，有人凭借它得到了君王的封地，而有的人却还是避免不了为人洗涤衣服的辛苦，这是因为他们使用药方的方法不一样啊！

【慧言箴语】

同样一个东西，由于使用者的眼光和见识不一样，所发挥的作用也大不相同。因此，要善于创新思维，做到人尽其才，物尽其用。

·抱瓮老人·

子贡南游于楚，反于晋，过汉阴，见一丈人方将为圃畦，凿隧而入井，抱瓮而出灌，滑滑然用力甚多而见功寡。子贡曰："有械于此，一日浸百畦，用力甚寡而见功多，夫子不欲乎？"为圃者仰而视之曰："奈何？"

——庄子《庄子·天地》

春秋时期的孔子，门下有很多学生。其中有一个叫子贡的，他聪明好学、头脑灵活、反应灵敏，是孔子最为得意的门徒。

一次，孔子和子贡到南边的楚国游历，在返回的途中，要经过汉水南岸。时值阳春三月，草长莺飞，农民们已经开始春耕了。

走着走着，子贡看到一位老人正在菜园里给蔬菜浇水。菜园子和井之间有一条渠道，老人抱着一个大水罐，从井里汲上水后，把水倒在渠道里。水沿着渠道流到菜园子里。老人不停地用大罐汲水，累得大汗淋漓，上气不接下气。这个办法不仅耗费了很大的力气，收效也很低，半天的时间过去了，才浇了几垄地。

子贡看到老人费力的样子，出于好心，走过去对他说："老人家，现在有一种机械，用它来浇地，一天可以浇一百亩呢。那个机械不需要费很大的力气，收效却很高，您使用它不就不用受累了吗？"老人抬起头看了看子贡，问："你说的是什么东西？"子贡耐心地对老人说："是一种叫槔的机械。制作原理是将木头砍凿加工，让它的后面重，前面轻。用它来提水，就像把水从井里抽出来一样容易，水流得也很快，不一会儿的工夫，就能浇灌一大片地，您也不会这么辛苦劳累了。"

老人听了子贡的话，突然变了脸色，额上青筋暴出，生气地说："我听我的师傅说过，世上如果有投机取巧的工具，就一定会有投机取巧的事情；有投机取巧的事情，就一定会有投机取巧的心。一个人一旦有了投机取巧的心，就会丧失做人的最纯洁的美德；丧失了纯洁的美德，人就会性情反常；而一个人要是性情反常的话，就会和自然相违背，成为一个与天地和自然都极不相容的人。"

他一口气说了这么多的话，不禁大喘起来，稍停了片刻又接着说："你说的那种机械我不是不知道，可是我觉得使用它的人，就是在干投机取巧的事；而做投机取巧的事是很可耻的，所以我才不使用呢。你让我使用这种投机取巧的工具，和让我做一个投机取巧的人有什么两样呢？我是坚决不会做那么可耻的事情的。"子贡听了这个老人的一番话，像自己做错了什么事情一样，竟一时说不出话来。

【名家典籍】::

庄子的思想给了后代很大的影响。后世道教继承了道家学说。经魏晋南北朝的演变，庄子学说成为道家思想的核心内容。

　　运用智慧创造出的新办法,往往是进步的、省时省力的,与老人所说的投机取巧根本是两回事。由此可见,如果在新事物面前抱残守缺,做起事来不但费力不讨好,还会被人笑话。

·新裤与旧裤·

　　郑县人卜子,使其妻为裤,其妻问曰:"今裤何如?"夫曰:"像吾故裤。"妻子因毁新令如故裤。

——韩非《韩非子·外储说左上》

　　从前,郑县有一个叫卜子的人。他有一个愚不可及的妻子。卜子平时穿着很不讲究,总穿一条满是破洞的裤子。一天,有人对卜子说:"你为什么不做条新裤子呢?这条裤子太难看了!"他听了觉得很难为情,回家后就对妻子说:"给我做条新裤子吧,身上这条实在太破了。"妻子说:"你想要一条什么样子的新裤呢?"卜子说:"就做跟这条旧裤一样的吧。"

　　妻子将他那条又破又脏的旧裤看了很久,然后去集市买来了和旧裤的面料、花纹都完全一样的布,并严格按照旧裤的尺寸裁剪。就这样,她依样画葫芦,好不容易做好了一条新裤子。她想丈夫看到了一定会很高兴的。可她仔细一看,新裤和旧裤还是不一样——旧裤不仅脏,还到处都是破洞。于是，她就把新裤放在地上使劲地揉、搓、踩，累得满头大汗，又拿来剪刀，按照旧裤上破洞的大小，在新裤上也剪了几个洞。终于，新裤跟旧裤完全一样了。

当妻子得意地将做好的"新裤"拿给丈夫看时，丈夫目瞪口呆，半天说不出话来。最后，丈夫气愤地吼道："如果还是一条破裤子，那么我不如穿原来的，何必要你做新的呢！"

【名家典籍】

韩非子攻击主张"仁爱"的儒家学说，提倡君权神授，主张法治，提出了重赏、重罚、重农、重战四个政策。

【慧言箴语】

这个愚蠢的妻子，对旧裤全盘照搬，结果弄巧成拙。寓言告诫我们，做事情的时候一定要灵活变通。

·引婴投江·

有过于江上者，见人方引婴儿而欲投之江中，婴儿啼。人问其故。曰："此其父善游。"其父虽善游，其子岂遽善游哉？以此任物，亦必悖矣。

——吕不韦《吕氏春秋·察今》

有个过江人，在经过江边的时候，听到了一阵婴儿的啼哭声。他四下一看，看到一个男人正要把一个婴儿扔到江里。

过江人对男人的举动十分不解，就走过去问道："你为什么要把婴儿丢进江中？是想淹死他吗？"

男人回答说："怎么会呢？他的父亲很会游水。"

过江人听了，反问道："他的父亲会游水，他就一定会游吗？"用这种方法处理事情，也必然是荒谬的。

【名家典籍】

《吕氏春秋》是以儒家学说为主干，以道家理论为基础，以名、法、墨、农、兵、阴阳家学说为素材而著就的。

【慧言箴语】

人与人不同，事跟事也是有差别的，如果头脑僵化、思维教条、生搬硬套，就会做出很多蠢事。

知识链接

"江"今义是大河的通称，在古代则专指长江，比如古文中"江左、江右、江水"里的"江"指的都是长江。"河"今义是一般河流的名称，在古代则专指黄河，比如古文里的"河东、河西、河南、河北"里的"河"都是指黄河。

探索成功的规律

　　成功就是放大自身的优势，达到预期的目标，赢得智者的尊敬，得到别人的欣赏，改善我们的社会环境，收获一种幸福感和满足感……

　　学习有学习方法，工作有工作方法，做生意有生意经，成功也有自己的规律。

　　虽然成功的过程涉及的因素太多，范围太广，但只要我们满怀信心，有毅力，有恒心，不断努力，保持冷静，开动脑筋，深思熟虑，不急于求成，不鲁莽行事，那么，成功将离我们不再遥远！

·鲁侯养鸟·

昔者，海鸟止于鲁郊。鲁侯御而觞之于庙，奏《九韶》以为乐，具太牢以为膳。鸟乃眩视忧悲，不敢食一脔，不敢饮一杯，三日而死。此以己养鸟也，非以鸟养鸟也。

——庄子《庄子·至乐》

从前，有一只从海上飞来的海鸟，停落在了鲁国国都的城郊，一连停留了三天也没有飞走。人们都在对此窃窃私语，有人说它是不祥的征兆，有人猜测它是神灵派来的。

鲁国国君听说了这件事后，忙派人把海鸟迎接进城，并在宗庙里举行了隆重的迎接仪式。在仪式上，国君不仅派乐工为它演奏曲调高尚典雅的《九韶》乐章，还让厨师用牛、羊、猪三牲为它制作了精美的菜肴，甚至还亲自

给海鸟敬酒夹菜。他对待海鸟的礼节像对待贵宾一样，周到、完备、细致。可是，海鸟见到这样喧哗的场面和精美的食物后，竟然双眼昏眩，心里忧愁和悲伤起来，不敢吃一块肉，也不敢喝一杯汤，只过了三天就死掉了。

这分明是用供养国君的方法来养鸟，而不是用养鸟的方法来养鸟啊！

【慧言箴语】::::::::::::::::::::::

不管做什么，都要努力掌握对象的特征和规律，有针对性地采取措施，如果仅凭自己的想法，乱来一气，结果只能是失败。

·庖丁解牛·

庖丁为文惠君解牛，手之所触，肩之所倚，足之所履，膝之所踦，砉然响然，奏刀騞然，莫不中音。合于《桑林》之舞，乃中《经首》之会。

——庄子《庄子·养生主》

战国时，有个厨师叫庖丁。有一天，他被叫去给梁惠王宰牛。他宰牛时，手接触的地方，肩靠着的地方，脚踩着的地方，膝盖顶着的地方，都发出骨肉分离的声音，那些声音富有节奏，好像是旋律优美的音乐一样。

梁惠王不禁称赞说："太奇妙了！你为什么能练成这

样的手艺呢？"

庖丁放下刀，回答说："因为我不单是学习宰牛，而且还去摸索事物的规律呀！刚开始学宰牛时，我对牛身的结构还不了解，看见的是整头的牛。三年后，我熟悉了牛身的结构，就再也看不见整头的牛了。而现在，我不用眼睛去看，就能知道应该怎么用刀。牛的肌体组织是有规律的，骨肉之间存在着空隙，刀口与这些空隙比起来，薄得好像一点厚度也没有。用没有厚度的刀在有空隙的骨肉间运行，当然绰绰有余了！在解剖牛时，我只要顺着空隙用刀，牛体就会迎刃而解，牛肉就会像泥土一样从骨架上滑落下来。"

梁惠王听了，高兴地说："好极了，听了你的这一席话，我从中悟到了修身养性的道理。"

【慧言箴语】

做任何一种工作，都应该先摸清楚其中的规律。只有掌握了规律，才能把工作做好。庖丁因为熟悉了牛的生理结构，摸清了"解牛"的规律，所以杀起牛来才得心应手。

·施氏与孟氏·

鲁施氏有二子，其一好学，其一好兵。好学者以术干齐侯，齐侯纳之以诸公子之傅；好兵者之楚，以法干楚王，王悦之以为军正。禄富其家，爵荣其亲。施氏之邻人孟氏，同有二子，所业亦同，而窘于贫，因从请进趋之方。

——列子《列子·说符》

从前，鲁国的施氏有两个儿子，一个爱好读书，一个爱好习武。爱好读书的儿子，以仁义的治国之道劝说齐王，得到了齐王的赏识，被授予公子的老师之职；爱好习武的儿子到了楚国，用作战之法游说楚王，得到了楚王的器重，被任命为执法将军。这两个儿子的俸禄，使施家富足。

施氏的邻居孟氏也有两个儿子，也是一个喜好文学，一个喜好兵法，但家境却很贫穷。孟氏非常羡慕施家的两个儿子都能出人头地，就向施氏的儿子请教做官之法。施氏的两个儿子把各自的经历告诉了孟氏。

孟氏回去后，也让他的一个儿子去秦国，用仁义之理说服秦王。可是秦王听后却大怒，吼道："现在诸侯纷争不已，我只有富国强兵才能生存；而你却要我讲究仁义，这不是自取灭亡吗？"于是，秦王一气之下对他处以宫刑。与此同时，孟氏的另一个儿子去了卫国，以用兵之道劝说卫侯。卫侯听后气愤地说："卫国是一个弱小的国家，只有对强国顺从，对小国安抚，才是求生之道。要是动用兵法权谋，我国会很快灭亡。假如你去别的国家游说，我国会因此而有遭受攻打的危险。"说完，卫侯便命人砍断了他的双脚。

孟氏的两个儿子回家后，全家人捶胸顿足，都埋怨施家的两个儿子乱出主意。施氏见此，说："俗话说，得到时机就会昌盛，失掉时机就会灭亡。你家儿子的本领和我家儿子的本领相同，然而他们的命运却不同，这是因为时机不同啊！天下的事理，不是一成不变的，没有永远正确的，也没有永远错误的。对以前有用的，对今天也许没用；现在用不上的，将来却有可能有用。这就要适应形势，见机行事。即使你有孔子的学识、吕尚的谋略，但是遇不到合适的机遇，也不能施展啊！"

【慧言箴语】

　　事情是发展变化的，处理问题必须审时度势、与时俱进，否则必然会失败。

·稷之马将败·

　　东野稷以御见庄公，进退中绳，左右旋中规。庄公以为文弗过也，使之钩百而反。颜阖遇之，入见曰："稷之马将败。"公密而不应。少焉，果败而反。公曰："子何以知之？"曰："其马力竭矣，而犹求焉，故曰败。"

——庄子《庄子·达生》

　　东野稷是春秋时期有名的驾车能手，技术极其精湛。有一天，他驾车去见鲁庄公。他驾的车，无论前进还是后退，车轮的痕迹都如同木匠画的墨线一样笔直；马车向左右两边旋转时，车轮的痕迹如同用圆规画出的圆。

鲁庄公认为，东野稷的驾车技术简直无人能比。于是，他叫东野稷驾着马车沿一条车辙，朝着相反的方向，来回绕100圈再回到原地。

鲁国有一个叫颜阖的贤士，看到这种情况后，走上前去对鲁庄公说："东野稷的马快支持不住了。"鲁庄公假装没听见，默不作声。

不一会儿，东野稷果然因马仆倒而翻了车。

鲁庄公问颜阖："你怎么知道东野稷的马就要仆倒了？"

颜阖回答说："这匹马的力气已经耗尽了，再要求它跑那么多圈，肯定受不了啊。"

【慧言箴语】

东野稷的车技非常娴熟，然而他的马却仆倒了，这是因为鲁庄公的要求超过了马的承受力。这说明凡事都有一个度，如果不能很好地把握，超过了极限，就一定会失败。

·九方皋相马·

伯乐喟然太息曰："一至于此乎！是乃其所以千万臣而无数者也。若皋之所观，天机也。得其精而忘其粗，在其内而忘其外。见其所见，不见其所不见；视其所视，而遗其所不视。若皋之相马，乃有贵乎马者也。"

——列子《列子·说符》

伯乐是善于识别马的大师，但是他已年至暮年。一天，秦穆公对他说："你年纪大了，你的子孙中有能够寻找千里马的人吗？"伯乐说："一匹好马，可以从它的体形、外貌和骨架上鉴别出来。而特殊的千里马，并没有固定的标准，不能用言语表达。这样的马，神气都是若有若无的，不好把握。奔驰起来，脚步轻盈，蹄不沾灰尘，一闪而过，连身影都捕捉不到。我的儿孙都才能低下，能够说出好马的样子，却识别不出什么是特殊的千里马。我有个挑担子拾柴草的朋友叫九方皋。他相马的能力不在我

之下。请让我把他推荐给您，好让他替您寻找特殊的千里马吧。"

穆公召见了九方皋，派他出去寻找千里马。三个月后，九方皋回来说："在沙丘那个地方找到了一匹罕见的千里马。"穆公高兴极了，连忙问："是什么样的马？"九方皋说："是一匹黄色的母马。"秦穆公立即派人把马牵来，一看，却是黑色的公马。穆公很不高兴，责怪伯乐："你推荐的相马人，连马的颜色和公母都搞不清，又怎么能识别特殊的千里马呢？"

伯乐听了，竟赞叹道："九方皋相马的技术竟达到了这种地步，这正是他比我高明的地方啊！他这是不辨公母、不分毛色，只看马的风骨与精神。他所看到的是马的禀赋，而不是它的表象；他注意的是马的品质，而不是它的外表；他只看他所需要看的，而不看他所不必看的；只观察到他所应该观察的，忽视了他所不必观察的。像他这样相出的马，才是无比珍贵的千里马啊！"

后来经过试验，九方皋所相的马果然是天下少有的千里马。

【名家典籍】 ·······

今本《列子》版本诸多，书前大多存有刘向所撰的《序》或张湛所作的《序》，旨意大致归同于老子、庄子。

【慧言箴语】 ·······

看问题时抓住问题的重点，有所舍弃，将获得的感性材料去伪存真，去粗取精，才能把握住问题的本质，得到真正有价值的东西。

·浑沌开窍·

南海之帝为倏，北海之帝为忽，中央之帝为浑沌。倏与忽时相与遇于浑沌之地，浑沌待之甚善。倏与忽谋报浑沌之德，曰："人皆有七窍，以视、听、食、息，此独无有，尝试凿之。"日凿一窍，七日而浑沌死。

——庄子《庄子·应帝王》

从前，掌管南海的大帝叫倏；掌管北海的大帝叫忽；在南海和北海中间有一个地方，这个地方的大帝叫浑沌。倏和忽经常到浑沌那里聚会，浑沌每次都热情地款待他们。倏和忽很感激浑沌的友善，总想用什么办法报答他。

倏跟忽商量了很久后说："人都有眼、耳、鼻、口七窍，用来看、听、呼吸、吃食物，可是浑沌却一样也没有，不如我们就为他凿开七窍吧。"

于是他们就为开始为浑沌凿七窍。当他们凿开浑沌的鼻孔时，浑沌鼻血大流。可是他们仍继续凿着。当七窍全凿通时，浑沌却因为流血太多而死了。

倏、忽给浑沌开窍，本是好意，但浑沌的生命之门就在于它的不开窍。给它开了七窍，即使不被凿死，也不再是浑沌了。

【慧言箴语】

做任何事情都要认清对象，遵照规律，否则就会好心办坏事，弄巧成拙。

·詹何钓鱼·

詹何曰："曾闻先大夫之言，蒲且子之弋也，弱弓纤缴，乘风振之，连双鸧于云际，用心专，动手均也。臣因其事，放而学钓，五年始尽其道。当臣之临河持竿，心无杂虑，唯鱼之念，投纶沈钩，手无轻重，物莫能乱。"

——列子《列子·汤问》

楚国有位钓鱼高手名叫詹何。他的钓鱼工具很特别：钓鱼线是一根单股的蚕丝绳，钓鱼钩是用细针弯曲而成的，钓鱼竿是一种很细的竹子，饵料就是把饭粒剖成两半。凭借着这些工具，詹何不论是在百仞的深渊中，还是激进的河水中，都能钓到很多鱼。而他的钓鱼线却不会断，钓鱼钩也不会直，甚至连钓鱼竿也没有一丝一毫的弯曲！

楚王听说了詹何的钓技后，十分惊奇，把他召进宫来，问他垂钓的诀窍。詹何说："我听父亲说，以前在楚国有个射鸟能手，名叫蒲且子。他用的弓很轻，弦也很细，但是箭顺着风势射出去，一箭就能射中在高空的黄鹏鸟。父亲说，这是因为他用心专一、用力均匀的缘故。于是，我学着用他的这个办法来钓鱼，花了五年的时间，终于精通了这门技术。每当我来到河边钓鱼时，我都会全神贯注地只想着钓鱼。在抛出钓鱼线、沉下钓鱼钩时，我会做到手上的用力不轻不重，丝毫不受外界的干扰。这样，鱼儿见到钓饵，就会以为是水中的污泥和泡沫，于是会毫不犹豫地吞食。我在钓鱼时，就是这样以弱制强、以轻取重的。"

【名家典籍】

列子与庄子、文子、亢桑子分别被称为冲虚真人、南华真人、通玄真人、洞灵真人。道教尊之为"四大真人"。

【慧言箴语】

做任何事情都要专心致志、一丝不苟，不仅要善于吸取前人经验，还要用心去发现和运用事物的客观规律。只有这样，才能取得显著的成效，获得成功。

· 守株待兔 ·

宋人有耕者。田中有株，兔走触株，折颈而死。因释其
耒而守株，冀复得兔。兔不可复得，而身为宋国笑。

——韩非《韩非子·五蠹》

战国时期，宋国有个农民。有一天，他下田干活，毒
辣辣的太阳晒得他大汗淋漓。他于是放下锄头，到田边的
一棵大树下歇息。忽然，有一只兔子猛跑了过来，正好撞
在了他倚靠的大树上，结果因脖子撞断而死。农民连忙捡
起兔子，掂了掂，有好几斤重呢。没费一点儿力气，就白
得了这么一只大兔子，农民高兴极了，心想：这回可以美
美地吃上一顿了。

晚上，他把兔子拿回家。家里人也很高兴，一家人不
仅吃了兔肉，还准备把兔皮拿到集市上卖点钱花。于是，
这个农民就异想天开起来：要是每天都能碰上这样的好
事，该多好啊！我就不用那么辛苦地种田锄地了，还能有
肉吃、有钱花。

第二天，他很早就到了田里。可是这次他不是锄草，
而是径直来到昨天倚靠的那棵大树下，坐在那里等兔子跑
过来撞死。结果，他白等了一天，连兔子的影子都没见
到，最后垂头丧气地回去了。

第三天，他又来到树下等，结果还是一无所获。

就这样，他什么活儿也不干了，每天都坐在树下等兔子的出现。结果，自己的田荒芜了。转眼到了秋天，他颗粒无收，也再没等到过撞死的兔子。

【慧言箴语】

切不可把偶然的侥幸当成做事的依据，如果抱着侥幸心理，一味凭偶然的经验办事，是很难成功的。

·心不在焉·

对曰："术已尽，用之则过也。凡御之所贵，马体安于车，人心调于马，而后可以进速致远。今君后则欲逮臣，先则恐逮于臣。夫诱道争远，非先则后也；而先后心皆在于臣，上何以调于马？此君之所以后也！"

——韩非《韩非子·喻老》

赵国的国君赵襄主曾向王子期学习驾车的技术。他刚学没多久，就感觉自己掌握了这门技术，于是提议与王子期进行一次比赛。

比赛开始了，王子期远远地领先于赵襄王；而赵襄王换了三次马，却还是落后。赵襄王以为自己之所以落后，是因为王子期并没有把所有的技术都教给自己，于是不高兴地说："你教我驾车，却对我有所保留，并没有把技术全都教给我。"王子期说："我已经把技术全教给您了，并没有一丝一毫的保留和隐瞒啊！"赵襄王说："既然如此，为什么在比赛时我会输给你呢？"王子期回答道："那是因为您运用的不对。若想很好地驾驭马车，首先要把马很舒适地套在马车上；更重要的是，赶车人的心思要集中在调理马上。只有把心思投入在马的身上，才能更好地驾驭它，从而使它跑得快。在今天的比赛中，您落后时，就一心想追上我；领先时，又恐怕被我追上。您不论领先还是落后，心思都在我的身上，怎么能很好地调理马呢？这才是您落后的原因啊。"

赵襄王听了他的一番话，才知道了自己失败的原因。

【慧言箴语】

做事情的时候，要把心思和精力集中在所做的事情上。只有全心全意、不急功近利，才有可能获得成功。

·欹器的启示·

孔子观于鲁桓公之庙，有欹器焉，孔子问于守庙者曰："此为何器？"守庙者曰："此盖为宥坐之器，"孔子曰："吾闻宥坐之器者，虚则欹，中则正，满则覆。"孔子顾谓弟子曰："注水焉。"弟子挹水而注之。

——荀子《荀子·宥坐》

春秋时期，孔子带着学生到鲁桓公的祠庙里参观。孔子看到了一个形状奇特的器皿，倾斜地放着，就问守庙人："请告诉我，这是什么器皿？"守庙人说："这是欹器，是放在座位右边，用来警戒自己的器具，如'座右铭'一般用来伴坐。"孔子说："我听说这种器皿在没有装水或装水很少时，就会倾斜；水装得适中，不多不少的时候，就会很端正；如果里面的水装得过多，它就会翻倒。"

　　说着，孔子回过头来对他的学生们说："你们往里面倒些水试试看吧！"学生们听后都舀来了水，一个个慢慢地向这个器皿里灌水。果然，当水装得不多不少的时候，这个器皿就端端正正地立在那里。不一会儿，水灌满了，它就翻倒了，里面的水流了出来。再过了一会儿，器皿里的水流尽了，它就又恢复了原来倾斜的样子。这时，孔子长长地叹了一口气说："世界上哪里会有太满而又不倾覆翻倒的事物啊！"

【名家典籍】

　　荀子，名况，字卿，战国末期儒家学派的大师，是我国古代杰出的唯物主义思想家、教育家。

【慧言箴语】

　　做人必须谦虚谨慎，不能骄傲自满，"满招损，谦受益"。凡骄傲自满的人，没有不失败的。

鲁人身善织屦，妻善织缟，而欲徙于越。或谓之曰："子
必穷矣。"鲁人曰："何也？"曰："屦为履之也，而越人跣
行；缟为冠之也，而越人被发。以子之所长，游于不用之国，
欲使无穷，其可得乎？"

——韩非《韩非子·说林上》

　　春秋时期，鲁国的都城里住着一对夫妻，丈夫会编草
鞋，妻子织得一手好绸子。夫妻二人兢兢业业，日子过得
还不错。

　　他们听说越国是个鱼米之乡，就想到越国去谋生。当
他们正收拾行李准备上路时，正赶上朋友来他家做客，朋
友问："你们这是要去哪儿啊？"丈夫说："我们要去越
国，听说那是个好地方。"朋友说："到了那里，你们人
生地不熟，连房子和田地也没有，怎么生活呢？"丈夫笑
了笑，说："你忘记了，我们有手艺啊！我会编草鞋，她
会织绸子，我们在越国也一样可以生活得很好啊。"朋友
听了，忙劝说他们："你们还是好好地待在这里吧，如果
去了那里会受穷的。"

　　夫妻俩很疑惑，问道："为什么这么说？难道我们
的手艺还不够好吗？"朋友说："我问你，你们编的草

鞋和绸子都是干什么用的？"丈夫说："那还用说吗，草鞋当然是穿在脚上的；绸子当然是用来做帽子，给人戴在头上的。"朋友说："可是你们知道吗？越国人都是赤脚走路的，他们根本就不穿鞋子。而且那里经常有暴雨，那里的人个个披头散发，从不戴帽子。你们的手艺固然不错，可是到了那里一点儿也用不上，那么你们又靠什么生活呢？"

【名家典籍】

《韩非子》和《商君书》是法家的经典著作。《商君书》是记载商鞅思想言论的资料汇编，又称《商君》《商子》。

【慧言箴语】

在做任何事情之前，一定要先了解客观对象，再制定可行的计划，因为一切知识、才能、技艺，只有符合实际需要，才能得以应用和发挥。

·释车而走·

齐景公游少海，传骑从中来谒曰："婴疾甚，且死，恐公后之。"景公遽起。传骑又至。景公曰："趋驾烦且之乘，使驺子韩枢御之。"行数百步，以驺为不疾，夺辔代之，御可数百步，以马为不进，尽释车而走。

——韩非《韩非子·外储说左上》

晏婴是齐国的宰相，辅政几十年，勇谏君过、体恤民众、为政清廉、正直无私，深得景公的尊敬和信赖。

有一次，齐景公去海边游玩。正玩得不亦乐乎的时候，一个侍从骑马飞驰而来，报告说晏婴病得很重，已经奄奄一息了。齐景公听后大惊。不一会儿，又有一个侍从赶来报告说晏婴的病情更严重了，恐怕等不了他回去了。景公更着急了，一面吩咐"立即传最好的御医！"一面说："快把那匹跑得最快的骏马套上，叫最好的马夫韩枢来驾车！"

侍从们火速做好一切准备，韩枢也已赶到。景公心急如焚，坐车往回赶。车夫不停地挥鞭策马，马已经疾步如飞了，可景公还是嫌慢，不停地催促车夫加快速度。马跑了一段路以后，景公从车夫手里夺过缰绳，亲自驾起了车。刚走了没多远，景公还是觉得马的速度太慢，就干脆

跳下马车，徒步奔跑起来。马那么优良，车夫技术又那么高超，难道人能跑得过马吗？

【慧言箴语】

欲速则不达。如果性急图快，违背了客观规律，反而达不到目的。

书 目

001. 三字经

002. 百家姓

003. 千字文

004. 弟子规

005. 幼学琼林

006. 增广贤文

007. 格言联璧

008. 龙文鞭影

009. 成语故事

010. 声律启蒙

011. 笠翁对韵

012. 千家诗

013. 四书

014. 五经

015. 诗经

016. 易经

017. 论语

018. 孟子

019. 老子

020. 庄子

021. 鬼谷子

022. 诸子百家哲理寓言

023. 战国策

024. 史记

025. 三国志

026. 快读二十四史

027. 中国历史年表

028. 贞观政要

029. 资治通鉴

030. 中华上下五千年·夏商周

031. 中华上下五千年·春秋战国

032. 中华上下五千年·秦汉

033. 中华上下五千年·三国两晋

034. 中华上下五千年·隋唐

035. 中华上下五千年·宋元

036. 中华上下五千年·明清

037. 孙子兵法

038. 诸葛亮兵法

039. 三十六计

040. 六韬·三略

041. 孝经·忠经

042. 孔子家语

043. 颜氏家训

044. 了凡四训

045. 曾国藩家书

046. 素书

047. 长短经

048. 本草纲目

049. 黄帝内经

050. 菜根谭

051. 围炉夜话

052. 小窗幽记

053. 挺经

054. 冰鉴

055. 楚辞经典

056. 汉赋经典

057. 唐诗

058. 宋词

059. 元曲

060. 豪放词

061. 婉约词

062. 李白·杜甫诗

063. 红楼梦诗词

064. 最美的诗

065. 最美的词

066. 文心雕龙

067. 天工开物

068. 梦溪笔谈

069. 山海经

070. 徐霞客游记

071. 古文观止

072. 唐宋八大家散文

073. 最美的散文（世界卷）

074. 最美的散文（中国卷）

075. 朱自清散文

076. 人间词话

077. 喻世明言

078. 警世通言

079. 醒世恒言

080. 初刻拍案惊奇

081. 二刻拍案惊奇

082. 笑林广记

083. 世说新语

084. 太平广记

085. 容斋随笔

086. 浮生六记

087. 牡丹亭

088. 西厢记

089. 四库全书

090. 中华句典

091. 说文解字

092. 姓氏

093. 茶道

094. 奇趣楹联

095. 中华书法

096. 中国建筑

097. 中国文化常识

098. 中国文明考古

099. 中国文化与自然遗产

100. 中国国家地理